약속하신 부

약속하신 부

초판인쇄 2024년 7월 8일
초판발행 2024년 7월 15일

지은이 다니엘 오
펴낸곳 도서출판 새벽별
주소 대전시 중구 모암로 24
전화 042-273-3927
이메일 ms4us@outlook.kr
출판등록 2000년 7월 27일 제365-3650000251002000000002호
디자인 CROSS-765
총판 기독교출판유통 (0317-906-9191)
ISBN 979-11-987844-0-7 (03200)

약속하신 부

성경, 돈을 이야기하다

다니엘 오

도서출판 **새벽별**
Morning Star

차례

들어가는 글: 믿음이 돈을 만든다

믿음으로 모든 세계가 하나님의 말씀으로 지어진 줄을 우리가 아나니 보

이는 것은 나타난 것으로 말미암아 된 것이 아니니라(히 11:3)

이는 단 한 구절만으로 아주 효과적으로 요약한 천지창조의 내력이다. 히브리서의 기자에 따르면 천지창조는 눈에 보이지 않는 하나님이 '말씀'으로 가시 세계를 빚어내신 과정이다. 더 나아가 모든 유형의 실체가, 어떤 무형적 실체에 기반하여 만들어지는 것이 보편적 원칙이란 것이다. 이는 어떤 형이상학적인 굉장히 철학적이고 종교적인 이야기로 비칠 수 있겠다. 하지만 히브리서에 기록한 그 **원칙**의 실례는 우리 주변에서도 찾아볼 수 있다.

통화 창출의 원리

가장 대표적인 예는 바로 **통화 창출**(Money Creation)이라고도 하는 돈이 만들어지는 과정이다. 흔히들 **돈**은 윤전기를 돌려 만들어진다고 생각한다. 하

지만 실제로 그러한 방식으로 만들어지는 돈은 극히 일부에 불과하다. 실상 한 국가 내에 존재하는 돈 대다수는 시장참여자들의 **믿음**으로 만들어진다.

통상 중앙은행이 물리적인 화폐를 발행하여 시중 은행에 공급한다. 시중 은행은 그것을 사업자, 부동산 구매자 등 다양한 수요자들에게 대출해 준다. 그리고 그 과정에서 물리적으로 발행하지 않은, 무형의 돈이 만들어진다. 신기하게도 말이다.

이해를 돕기 위해 가상의 사례로 살펴보자. 어느 나라에 10억을 가지고 있는 단 하나의 은행이 있다. 10억 원짜리 신축빌딩을 구매하기 위해서 대출을 결심한 김 씨가 찾아온다. 은행의 심사를 통과하여 대출받게 된다. 당연하게도 10억이라는 거금을 현금으로 가지고 다닐 수 없으니, 계좌이체를 통해서 그 대금을 건축가 이 씨에게 **이체**하게 된다. 판매자 이 씨 또한 그 대금을 은행에 보관해 둔다. 이때 새로운 사업 아이템을 가진 사업가 최 씨가 은행에서 10억의 대출을 받으려 한다. 마침 은행은 건축가 이 씨가 맡긴 10억의 돈이 있다. 당장 이 씨가 돈을 찾아가지 않을 테니, 그 10억을 사업가 최 씨에게 빌려준다. 최 씨는 대출받은 돈을 이용해서 새로운 사무실을 분양받고, 각종 설비를 구매했으며, 또한 사업에 꼭 필요한 전문가를 영입하는 비용으로 사용했다.

분명 물리적으로 존재하는 돈은 10억인데, 그 돈을 기반으로 이 가상의 시장엔 40억의 돈이 돌고 있다. 10억의 돈으로 구매자 김 씨는 신축빌딩을 구매할 수 있었고, 건축가 이 씨는 10억의 판매 대금을 얻었으며, 사업가 최 씨는 10억의 사업자금을 얻었다. 그리고 최 씨의 사업을 위한 지출 결과, 또 여러 사람이 10억에 해당하는 효용을 얻었다. 본래대로라면 40억 원의 화폐가 있어야지 누릴 수 있는 효과를 10억 원만으로 누린 것이다.

시장에 추가로 돌고 있는 30억 원의 돈의 정체는 무엇일까? 그것은 모든 은행 이용객이 존재한다고 **믿는** 믿음이 만들어 낸, 장부상으로만 존재하는 **무형**의 돈이다. 시장참여자들은 그 무형의 돈으로 그 목적에 맞게 활용하여 효용을 얻는다.

물론 실제 시장엔 더 많은 시중 은행이 존재하고, 더 많은 시장참여자가 존재한다. 또한 시장에서 형성되는 무형의 돈의 양을 조절하고, 또 은행에 돈을 맡긴 자들을 보호하기 위해서 지급준비율(reserve rate, 은행이 대출해 준 돈 대비 보유해야 할 물리적인 돈의 비율)이 설정되어 있다. 정말 다행이다. 단지 우리가 무형의 돈을 다루는 것이 아니라니! 정말 안심이 된다. 하지만 기본 골자는 같게 적용된다. 아니 오히려 윤전기로 만들어 낸 따끈한, 유형의 돈이 취향인 사람들에게 있어선 비보다.

한국은행은 2023년 1월 기준, 2%의 지급준비율을 유지 중이다. 즉, 누군가 100억을 저축했다면, 그 중 2억은 보관하고 나머지 98억을 대출할 수 있다는 말이다. 마찬가지로 그 98억이 은행에 들어오면, 2%에 해당하는 1억 9천 6백만 원을 보관하고 나머지를 대출해 줄 수 있다. 그렇다면 고객이 돈을 맡기면 그것에 기반하여 돈을 빌려주는 게 된다. 마치 은행이 고객이 돈을 맡기길 기다리는 것 같다. 하지만 '실무'에선 은행이 그 전에 돈을 장부상으로 만들어 버리기도 한다(참고문헌 라이안-콜린스 등 참고). 그렇게 믿거나 말거나 돈은 **믿음**이 만들고 있다.

물론 실제 돈이 움직이는 과정까지 모두 포함하자면, 이야기는 훨씬 복잡하다. 아주 세밀하게 짜인 시스템으로 우리의 통화량을 조절하고 있기 때문이다. 정부와 중앙은행의 전문가들이 다양한 정책을 통해 시장의 유동성을 조율하며 예산안을 짜면서 국가 살림을 규모 있게 만들어 나간다. 또한 경제 환경 등의 변수도 많은 영향을 끼친다.

하지만 여전히 통화 창출을 방편으로 만들어진 돈을 골자로 시장경제가 활성화되고, 많은 이들이 효익을 얻는다. 그렇기에 현대금융의 핵심을 신용(credit)에서 찾곤 한다. 계몽운동 이후 이성과 지성이 사회 요소요소의 근간으로 자리하게 되었음에도, 돈에 있어서 **신뢰**(faith), **신용**(credit), **믿음**(trust) 등의 다소 감정적이고 정신적인 요소들이 핵심적 역할을 감당하는 것은 퍽 흥미로운 점이다.

그리고 돈의 속성이 신뢰, 신용, 믿음 등에 기반한다면, 그것을 이해하면서 아주 유리한 위치에 있는 집단이 있다. 바로 하나님을 믿는 자들이다. 성경은 창세기로부터 요한계시록까지, 믿음이 중심 소재이다. 성경은 우리에게 무조건 믿으라 하지 않는다. 오히려 그 믿음이란 것이 어떻게 가시 세계에서 대단히 유용한 효용을 주는지를 묘사하며, 믿음이 이룩한 실질적인 예도 소개하곤 한다(히 11:1~40). 히브리서 기자의 관점에 따르면, 성경에 기록한 많은 인생 군상의 이야기는 궁극적으로 믿음을 통해 이뤄낸 놀라운 업적의 나열이다. 물론, 값을 매길 수 없이 값진, 하나님의 행하심에 대한 믿음과, '돈'이라는 아무런 가치도 없는 상징에 적용되는 믿음과는 그 결이 다르다. 하지만 성경을 믿고 또 하나님을 믿는 우리 그리스도인들이, '믿음'이란 주제에서 누구보다 앞서 있음은 여전히 엄연한 사실이다. 그리고 믿음에 대한 다각적이고 입체적인 이해를 소유한 우리가, 돈의 실체를 살핀다면, 그를 통해서 남다른 깨달음을 얻을 수 있을 것은 자명하다.

돈은 아무런 가치도 없는 상징이다. 놀랍게도 현대금융에서 핵심적인 역할을 감당하여, 경제를 이끌어가는 '돈' 그 자체엔 근본적 가치가 없다. 돈이 만들어지는 과정까지 포괄하여 이해하면, 결국 대부분의 돈은 때론 형태가 없는 **무형**이며 또한 근원적으로 무가치한 **상징**이다. 그런데도 돈은 귀중하게 여겨지며, 또 사회에 없어선 안 될 아주 중요한 요소이다. 그야말로 사람은 돈 때문에 울고 웃고, 살기도 하고 죽기도 하며, 또 희망을 얻고 절망하기도 한다.

그렇기에 때론 그저 돈이란 개념을 "불의"한 것으로 치부하여 외면하거나, 하나님께 속하지 않은 "맘몬의 화신" 따위로 치부하며 '우상화'하고 싶어진다. 그 자체로만 보면 온갖 해악의 원인인 것만 같고, 성경의 원칙에 어긋나는 개념으로 오인될 수 있기 때문이다. 하지만 하나님이 인류에게 주셨던 최초의 역할은, 에덴동산의 만물들을 **관리**(managing, 창 2:15)하는 것이다. 또한 예수님의 가르침은 돈을 '이해'하고 '관리'하며 활용하는 주제도 다수 포함한다(눅 16:1-15). 물론 자연물로 이뤄진 동산의 온갖 자원과 '돈'을 완전히 동일시하긴 미흡해 보이기도 한다.

그렇기에 이 책에서 돈이 하나님이 창조하신 자연의 자원과 어떻게 연결되는지도 다뤄보겠다. 미리 요약하자면, 돈은 실상 그러한 창조하신 자원들을 상징(representing)하는 요소이며, 하나님이 주신 것들을 더욱더 효과적이고 효율적으로 활용할 수 있게 하는 인류의 지혜가 만들어 낸 **도구**이다. 실로 흥미롭게도 돈을 사랑하는 것에 이르거나, 혹은 그 자체를 우상화하는 상황은, 돈을 백안시할 때 발생한다. 이른바 돈으로 인한 타락은, 대부분 돈을 너무 잘 알아서가 아니라, 실은 몰이해를 기반한다는 뜻이다.

여기 흔한 이야기가 있다. 어린 자녀에게 부족함이 없이 '돈'을 쥐여주고 유학도 보냈다. 하지만 그 자녀는 받은 것은 생각하지도 않고 엇나간다. 부모로선 황당하다. "내가 해준 것이 얼만데!" 분통이 터진다. 하지만 애석하게도, 돈이라는 아주 강력한 '연장'을 자녀에게 건네주고, 그것을 안전하게 활용할 방법은 전혀 알려주지 않았다. 이를 비유하자면, 자녀에게 과도를 주곤, 칼집은 마련해주지 않은 것과 같다. 그에 합당한 교육과 지도는 전혀 없이 말이다. 이러니 당연히 다치거나 타인에게 상처를 입힐 수밖에 없다.

돈의 성질을 명확하게 이해하는 것은 도리어 재물, 곧 돈이, 우리의 마음을 침식하는 것을 막아준다. 돈은 철저히 교환가치를 위해서 만든, '도구'이기에 알면 알수록 우상화하는 것은 부질없다. 그렇다면 돈에 대한 이해는 그 물질을 '소유'하고 관리하고 투자하여 부를 형성하는 것에도 유익할 뿐만 아니라, 그런 모든 과정에서 부 그 자체에 마음을 뺏기지 않도록 하는, 마음을 지키기 위한 무기이기도 하다. 돈에 대한 바른 이해는, 우리를 돈의 노예로 전락시키는 것이 아니라, 오히려 돈의 주인으로 그것을 유익하게 활용하게 하기 때문이다.

그래서 그랬을까. 예수님의 가르침은 상당한 부분 돈에 관한 이야기를 담고 있다. 천국, 믿음, 바른 성경해석, 은사, 성령님, 장차 있을 일들에 대해서 말씀해 주신 예수께서 또한 우리에게 돈의 이야기를 하신 것은, 단순히 지식을 뽐내려 하신 것이 아니다. 성령님과 동행하며 살아가야 하는, 예수님 십자가 이후 시대의 삶에서 그 돈에 대한 이해가 꼭 필요하기 때문임을 내다보셨기에 그러하다.

우리는 이 책에서 도대체 돈이 무엇인지, 그 가치와 활용법은 어떤 것인지, 또 돈(재물)이란 것이 발생시키는 독기(부작용)로부터 우리의 마음을 어떻게 지킬 것인지, 사랑이란 관점에서 돈을 어떻게 도구로 삼아야 할지, 어떻게 관리하고 투자할지, 또 그것이 주는 효익은 어떻게 누릴 것인지, 마지막으로 하나님이 '돈'에 대해서 당신의 사람들에게 어떤 약속을 주셨는지 나눠보려 한다.

부디 요한복음 8:32에 기록한 예수님의 약속이 우리 모든 하나님 사람의 돈에도 적용되어, 경제적 자유도 누릴 수 있게 하시기를.

"진리를 알찌니 진리가 너희를 자유케 하리라."

약속하신 **부**

성경, 돈을 이야기하다

1장

가치 value

가치 價値

1. 명사: 사물이 지닌 쓸모.
2. 명사: 대상이 인간과의 관계에 따라 지니게 되는 중요성.
3. 명사: 인간의 욕구나 관심의 대상 또는 목표가 되는 진, 선, 미 따위를 통틀어 이르는 말.
(국립국어원 표준국어대사전)

돈엔 가치가 없다

    돈엔 아무런 가치가 없다. 이는 철학적이거나 종교적인 수사가 아닌, 엄연한 학적 사실이다. 더 자세히 적자면 **내재가치**(intrinsic value)가 없다는 말이다. 인간사회에서의 돈의 위상과 영향력을 생각하자면 선뜻 와닿지 않을 수 있다.

    007가방에 오만 원권을 넣으면 약 3억이 들어간다고 한다. 이 경우 무게는 대략 6~7kg이 된다. 통상 3억이면 꽤 큰 돈이다. 이것이 주는 효익은 이루 말할 수 없다. 하지만 007가방에 담긴 3억 원을 가지고 무인도에서 한 달간 생존해야 한다면, 그것으로 무엇을 할 수 있을까? 만약에 3억 원어치의 식량과 물, 아주 튼튼한 텐트, 생존키트 등이 무인도에 자리한다면, 한 달을 생존하는 것은 불가능하지 않을 것이다. 하지만 무인도에서 돈 그 자체론 아무런 가치가 없을 것이고, 굳이 사용한다면 불쏘시개 정도에 그 효용이 한정될 것이다. 왜냐하면 그 무인도엔 3억 원의 가치를 믿고, 또 그것에 공감하여 기꺼이 자원이나 서비스를 교환해 줄 '타인'이 없기 때문이다.

    이런 견지에서 돈의 효용은 사용하여, **교환**해야지 비로소 발생함을 알 수 있다. 아직 금융시스템이 발전하지 못하여, 돈의 역할이 한정되었을 땐, 돈은 잉여 자원의 자유로운 교환을 목적으로 만들어졌다. 태생적으로 '교환가치'를 갖도록 디자인된 개념이란 의미이다. 하지만 국가와 사회가 성장하고, 이에 맞춰서 경제-금융시스템도 고도화됨에 따라서, 돈을 통해서 교환할 수 있는, 대상과 서비스의 규모도 커졌다. 때론 그 효용을 누리는 시장참여자가 돈의 효용이 거의 무제한이라 착각하게 한다. 그렇기에 때론 돈 그 자체엔 어떤 내재가치가 없다는 사실을 잊곤 한다.

이런 경위에서 돈은 흔히 우상화된다. 어떤 이들은 돈을 사랑하기를 인생의 더 본질적인 가치들, 그러니까, 친구, 사랑, 애정, 공동체보다도 더 높게 취급하고, 그 결과 돈으로 팔아선 안 되는 귀중한 것들을 한 푼의 돈을 위해서 기꺼이 내어준다. 가룟 유다의 배신이 상거래의 형태인, '은 30닢과 예수님에 대한 정보 교환'이었다는 점이나, 십자가 구원도 대속(ransom, 몸값을 내는 것)으로 설명되는 점도 의미심장하다. 일찍이 예수님은, 돈으로 친구를 사귈 기회를 사라 하셨지만, 제자들을 '친구'라 칭하신 예수님을, 가룟 유다는 은화에 팔아넘겼다.

그렇다고 무작정 돈을 부정하는 행위 또한 이치에 닿지 않는다. 돈을 맘몬의 화신으로, 하나님과 대적하는 어떤 암흑의 권세로 묘사하는 것은, 그 누구도 빗댈 대상이 없으신 전지전능한 하나님을, 우리 상상력으로 만들어 낸 어떤 가상의 신적 존재와의 '맞수'로 끌어내리려는 시도가 된다. 돈 자체를 어떠한 만들어진 신으로 빚어내는 것이다. 하지만 하나님께선 당신과 반대되는 존재 따윈 만들지 않으셨고 또 그런 존재 자체를 허락하지 않으셨다. 그저 우리는 돈이 주는 온갖 부작용들에 대한 두려움에 휩싸여, 그것을 마치 하나님에 비견될 만한 대단한 개념인 양 여길 뿐이다. 이는 본질적으로 온갖 피조물들, 그러니까 태양이나 불, 달, 황소, 사자, 아니면 자연재해 따위를 하나님과 비견될 어떤 두려운 존재로 격상하여 우상숭배 하는 것과 다름없다.

우리 신앙은, 하나님과 올바른 관계와 사귐을 통해서 삶을 살아감에서 발생하는 것이지, 하나님에 대해 반대되는 가상의 개념을 억지로 만들어 내고 그것과 싸워 논파함으로 발생하지 않는다. 다시 말해, 그리스도 신앙은 그 어떤 개념과 충돌해야만 그 존재감을 얻는 안티테제(antithesis)의 종교가 아니다.

우리가 우상은 세상에 아무것도 아니며 또한 하나님은 한 분밖에 없는 줄 아노라(고전 8:4b)

하나님이 세상에 돈의 개념이 만들어지도록 허락하신 것은, 그것과 다투시기 위함이 아니다. 오히려 당신의 충실하고 지혜로운 청지기들이, 이 세상이란 무대에서 활약하고 활동하며, 기쁜 소식을 전하는 것에 있어서 활용할 **도구**로 주셨다. 이는 마치 태양과도 같다. 태양은 섬김의 대상이 아니다. 설령 이방 종교에서 태양이 신으로 숭배받는다 한들, 태양 자체가 무슨 악의 화신이 되는 것도 아니다. 태양은, 신앙적으로 보았을 때, 하나님이 우리를 살피시고 사랑하시는 방법이다. 주님은 태양을 통해서 우리에게 빛도 주시고 따스함도 주시며, 또 온갖 먹거리가 자랄 수 있게 하신다. 그 결과 우리가 삶을 영위함에 꼭 필요한 영양분을 공급하신다.

돈은 다만 진정한 가치들의 상징이다. 그 진정한 가치들이란 바로 하나님이 창조하신 자연물들 자체를 의미한다. 또한 부동산, 각종 자원, 그리고 그 자원과 토양에 인간의 지혜와 노력을 담아 형성한 각종 인공물, 서비스와 권리 등을 포함한다. 내재가치는 오직 그러한 것들에게서 찾을 수 있다. 따라서 돈은 그러한 진정한 가치를 표현하는 상징일 뿐이다.

가치는 무엇으로 결정되나

A little that a righteous man hath is better than the riches of many wicked. 의인 한 명이 가진 적은 재물이 많은 악인의 부보다 값지다 (시편 37:16, KJV)

비록 고대의 인물이지만, 돈에 대해서, 그리고 돈이 형성한 부에 대해서 오늘날에도 통용될 통찰을 기록한 한 남자가 있다. 그 이름하여 다윗왕, 그는 일평생 다양한 인간 군상을 살폈다. 때론 목동의 시선으로, 더 후엔 왕의 시종으로, 또 군대 지휘관의 눈으로, 왕의 관점에서, 마지막으로 선지자의 처지에서 각양각색의 사람을 둘러보았다. 그리고 참으로 기묘한 법칙을 발견한다. 바로 의인 한 명이 가진 적은 재물이, 많은 악인이 가진 '부'보다 값지다는 사뭇 역설적인 현상이다.

의인 한 명의 작은 소유가 많은 불의한 자의 풍요보다 낫다는 문장엔 노년기의 다윗이 그의 인생을 돌아보고 내린 결론을 담고 있다. 이는 단순한 종교적 발언이 아니다. 현대에도 통용될 만한 돈에 대한 진실을 담고 있다. 전술했듯, 돈엔 어떠한 절대적 가치가 존재하지 않는다. 이는 다시 말하면, 돈의 가치는 상대적이라는 말이 된다. 그리고 그 상대적 가치는, 어떻게 사용하는가에 따라서 결정된다.

여기 각각 1억 원을 가진 두 사람, 이총명 씨와 무분별 씨가 있다. 이총명 씨는 그 돈으로 가족들과 여행도 다녀오고, 영양가 높고 맛도 좋은 식단을 위해서, 또 아이들이 흥미 있어 하는 책 전집을 사는 것에 사용했다. 반면 무분별 씨는 유흥과 도박, 마약 등을 통해 탕진했다. 두 사람이 같은 양의 돈을 가지고 있었지만, 그 둘이 가진 돈이 주는 효익의 **가치**는 다르다.

이총명 씨에게 있어서 1억의 가치는, 여행을 통해서 가족들이 얻은 소중한 추억과 새로운 경험이 주는 **행복**, 식단이 주는 영양과 건강이 주는 **기쁨**, 아이들이 책을 선물 받음을 통해서 느꼈을 이총명 씨의 애정과 그 책을 읽고 배우는 **즐거움**을 모두 더한 총량이다. 그리고 그 소비의 결과 이총명 씨뿐만 아니라, 이총명 씨가 사랑하는 가족들에게도 긍정적 영향을 끼쳤다.

무분별 씨의 경우는 유흥과 마약을 통해서 얻은 쾌락과 도박에서 느끼는 짜릿함 등의 총량이 1억의 가치이다. 하지만 그 소비의 결과로 얻은 쾌락과 짜릿함은, 항구적이지 못하고 대체로 자기 파괴적인 귀결을 낳을 종류이다. 그리고 무분별 씨의 소비를 통해서, 무분별 씨만이 아니라, 그를 사랑하고 아끼는 주변인들도 상처를 입을 것을 어렵지 않게 예상할 수 있다. 그렇다면 그가 그 이후에 느꼈을 자괴감이나 후회도 포함하여 최종적으로 가치의 총량을 구해야 한다.

이처럼 돈을 사용하는 방식이 그 돈으로 얻는 효익과 가치의 총량을 결정한다. 돈 자체는 그 어떠한 행복을 줄 수 없지만, 돈을 통해서 경험, 행복, 기쁨, 즐거움 등을 창출하는 효익을 누릴 수 있다. 즉, 제아무리 많은 돈을 가지고 있어도, 그것을 현명하고 지혜롭게 소비하지 않는다면, 그저 휴지조각과 다름이 없을 것이다.

또한 이런 견지에서 소비의 방향이 돈의 가치를 결정할 뿐만 아니라, 그 자체로 상당한 영향력을 발휘한다는 것을 알 수 있다. 이총명 씨의 소비를 통해서, 그녀의 가족들은 함께 효익을 누렸다. 반면 무분별 씨의 소비 방식은, 그를 사랑하는 이들에게 부정적인 경험과 감정을 안겨줬다. 이처럼 한 개인의 소비 방식은 그 개인 삶의 모습을 결정할 뿐만 아니라, 그 주변 사람들과 사회에 지대한 영향을 미친다.

성경에 기록한 이야기 중에 탕자의 이야기에도 이러한 원리가 적용된다. 누가복음엔 그저 둘째 아들로 묘사된 그를 우리는 '탕자', 즉 낭비하고 사치하는 자로 기억한다. 이처럼 한 대상이 돈을 소비하는 방식은, 결국 그 대상을 규정하게 된다.

> 지혜로운 자의 재물은 그의 면류관이요 미련한 자의 소유는 다만 그 미련한 것이니라(잠 14:24)

다윗도 이러한 점을 발견했다. 특별히 다윗의 경우는, 의인이 적게 가진 것마저도, 악인이 가진 많은 것보다 더 막강한 영향력과 효익을 형성할 수 있음을 통찰했다. 이를 뒤집어서 이야기하면, 의인이 된다는 것은, 내가 의인이라는 신념이나 막연한 생각 또는 기분으로 결정되지 않는다. 이는 철저히 내 삶을 통해서 드러나는 요소이기에, 결국 돈을 쓰는 방식에도 적나라하게 표현된다.

> 너희가 세상 재물을 취급하는 데 성실하지 못하다면 누가 하늘의 참된 재물을 너희에게 맡기겠느냐?(현대인의성경)
> 너희가 만일 불의한 재물에 충성치 아니하면 누가 참된 것으로 너희에게

맡기겠느냐(개역한글)(눅 16:11)

이에 대한 더욱 자세한 예는 훗날 예수께서, 한 소년이 예수께 드린, 떡 다섯 개와 물고기 두 마리로 5천 명을 먹이시고 열두 광주리나 남기신 이야기를 통해서 찾을 수 있다. 예수께선 공생애를 통해, 하나님의 사람이 가진 소유로 어떤 일들을 행할 수 있는지에 대한 실례를 보이신 것이다. 이에 대해선 돈의 다른 요소들을 충분히 나눈 후에 이 책의 7장에서 더 자세히 살펴보도록 하자.

가치 창출

우린 좀 전까지 돈의 가치에 관해서 이야기했고, 또 그 돈의 효익이 주는 가치는 소비하는 방식에 따라 결정됨을 이야기했다. 그렇다면 가치가 어떻게 발생하는지 살펴보도록 하자.

가치는 도대체 어디서 오는가? 앞서 우리는 근원적인 의미에서의 가치, 즉 내재가치는 오로지 하나님이 창조하신 피조물들에 담겨있다고 정의했다. 하지만 그 가치는 그 자체로 불변하는 고정적 상태의 개념이 아니다(이는 당연하다. 불변하시는 분은 오직 하나님뿐이시다). 우리는 각종 자연물에 지혜와 지식, 그리고 힘을 투입하여 가공하고 더욱 많은 가치를 부여한다. 즉 가치란 자원 등으로 대표되는 자연물에 우리의 노동을 결합하여 발생한다. 그 노동엔 전통적인 육체노동에서부터 창의력과 사고 등을 적용하는 것까지 광범위하다.

경작되지 않은 돌무더기 땅이 있다고 하자. 이 땅을 활용해서 할 수 있는 것은 당장 없다. 따라서 그 평가되는 **가치**가 낮다. 하지만 어느 부지런한 농부가 그 땅을 매입하여, 정성스럽게 가꾼다. 돌을 치워내고 경작하여 메말라 단단해진 흙을 바스트린다. 또한 약한 지력을 회복시키기 위해서 잘 조합해낸 비료를 가져다가 정성스레 흙과 섞어준다. 충분한 시간과 노동 끝에 그 밭은 훌륭한 경작지가 된다. 훌륭한 경작지가 되고 나니까, 이제 더 적극적으로 시간과 자원을 투자한다. 곧 물을 댈 수 있는 수로와 그 밭에 도달하기까지의 길을 정비한다. 이제 그 돌무더기 땅은, 누가 보더라도 경작할 수 있는 좋은 땅으로 변모했다.

그 밭은, 자연의 상태에 농부의 지혜와 노력, 그리고 관심이 결합하여 그 평가 가치가 많이 증가했다. 이는 단순히 시세의 상승만을 의미하지 않는다. 실제로 그 밭은 이제 유용하게 활용할 수 있게 된다. 적합한 씨앗을 심어 농사를 지으면, 그곳에서 산출되는 소출이 때마다 큰 유익을 가져다줄 것이다. 그 결과 단순히 농부와 그의 가족들 생계뿐만이 아니라, 여유분은 시장에 공급되어 그 지역사회를 더욱 풍족하게 해준다.

이는 예로든 밭에만 국한하지 않는다. 어떤 사람은 낡은 집을 구매하여 인테리어를 하고 더 많은 가치를 부여하여 이익을 얻는다. 옷을 리폼하는 것도 마찬가지다. 이런, 노동을 통한 가치의 부여는 우리에게 친숙하다.

게다가 우리나라가 발전해 온 길 덕분에 이런 부가가치를 창출하는 활동이 낯설지 않다. 흔히 말하는 자원 부국들과는 다르게, 한국이 가진 것이라곤 인력, 그뿐이라 여겼다. 하여 각종 자원을 수입하여 그것을 가공하여 부가가치를 부여하고, 수출하는 방식으로 성장했다. 이런 배경 덕분인지, 유엔산업개

발기구(UNIDO)에 따르면, 세계 제조업 경쟁력 지수(Competitive Industrial Performance Index) 분야에서 우리나라는 152개국 중 3위에 있다.

그 노동과 자원이 결합하여 추가로 창출된 가치는 가격에 반영된다. 즉, 그 재화, 자원, 서비스 등을 돈으로 구매하기 위해선 더 많은 돈을 지급해야 한다. 이를 통해 돈엔 그 어떤 가치도 없지만, 그 대상물에 담긴 내재가치를 반영한다는 것을 알 수 있다. 그렇다면, 재화에 단순히 더 높은 가격을 매긴다고 그 가치가 오르는 게 아니란 소리가 된다. 그 내재가치, 그 자산이 주는 효익이 증가함으로 인해서, 가격이 오르는 것이 순리라 할 수 있다.

이렇다는 말은 혹시 우리가 투입하는 노동시간을 통해 정확한 가치 측정이 가능하진 않을까? 훌륭한 학자들도 이러한 고민을 했다. 노동시간을 기준점으로 삼아 재화의 가치를 측정하고 더욱 합리적인 방식으로 거래가 되도록 도우려고 시도하였다. 이를 아주 단순화한 식으로 표현해 보자.

$$\text{가치} = \text{자연} \times \text{노동}$$

기본 골자는 틀리지 않는다. 특히 경제구조와 삶의 방식이 상대적으로 직관적으로 이해할 수 있던 과거의 사정엔 잘 들어맞는다. 하지만 오늘날의 현실은 복잡다단하다. 특별히 돈에 관해서는 엉킨 실과 같다 해도 좋을 만치 다양한 요소가 변수로 작용한다. 지면상에선 깔끔하게 도식화된 개념을 현실에 적용하자, 이곳저곳에서 예외 사항이 튀어나왔다. 결국 노동시간, 노력, 투입비 이외에도 다양한 요소를 고려해야 하며, 정확한 가치를 측정하는 것은 더없이 고된 작업이라는 교훈만을 남겼을 뿐이다.

현실에는 기술, 혁신, 시장 수요와 같은 다양한 요소가 개입한다. 물론 기술과 혁신도 노동의 결과로 발생함으로 그 또한 인간적인 측면(human factor)으로 이해할 순 있겠지만 말이다. 또한 연구 결과 최종적인 가치도 실상 상당히 상대적이며 시기에 따라 달라짐이 드러났다. 즉, 노동과 자연은 여전히 중요한 요소이지만, 그것이 전부가 아니며, 삶과 사회의 더 다양한 요소가 포함되어야 가치를 산출할 수 있다는 말이 된다. 가치를 판단하는 것엔 각 사람의 가치관과 믿음 등 정신적인 요소와 시공간이란 요소까지 고려해야 함이 밝혀진 것이다.

아이스크림 전문점엘 가보면 형형색색 다양한 맛의 아이스크림이 수십 가지가 넘는다. 당연히 사람의 성향과 취향은 그보다 더 다양하다. 각 사람은 다른 기호와 선호도를 보이고 산다. 어떤 사람은 여행에 큰 가치를 두지만, 다른 사람은 교육을 중요시한다. 그래서 같은 대상을 두고도 그 평가 가치는 일치하기 어렵다. 이처럼 개인이 인지하는 주관적 가치는 사람마다 우선순위와 가치체계 등에 따라서 달라진다. 따라서 눈에 보이지 않는 가치를 정확히 측량하기는 어려울 뿐만 아니라, 사실상 불가능하다. 다만 이런 점 덕분에, 돈의 가장 강력한 쓰임새인, '거래'가 가능해진다. 거래에 관해선 이 책 2장에서 다루기로 하자.

게다가 가치엔 시차가 있다. 이는 어떤 자원이나 재화의 가치가 시기에 영향을 받는다는 의미가 있기도 하며, 가치를 부가한 것이 온전히 반영되고 또 인정받기까지 시간이 필요하단 의미이기도 하다.

물을 예로 들어보자. 건조한 사막에선 물의 가치가 매우 높다. 그래서 비싼 값에 거래된다. 하지만 비가 많이 내리면 그 평가 가치가 특정 시기엔 감소한다. 이는 수요공급의 법칙에 따라, 물이라는 재화의 공급량이 증가하였기에 발생한 일이다. 통상 사막은 우기와 건기에 따라서 그 수자원의 양이 변화하기 때문에, 시기가 큰 역할을 한다. 전술한 경작지에 대한 것도 마찬가지다. 노동을 투입하여 상승시킨 내재가치가 온전히 가격에 반영하기까지 **시차**가 있다. 때론 사회구조나 분위기 때문에 그것이 온전히 반영되지 않을 수 있다. 가령 공교롭게 그 시기에 농산물이 대규모로 수입되어, 가격이 폭락했다면, 그 경작지의 값어치를 제대로 평가받지 못한다.

이처럼 다양한 요소가 평가한 가치에 영향을 준다. 오늘도 많은 학자가 머리를 맞대고 더 합리적이고 정확한 모델과 기법을 개발하려 노력하고 있다. 따라서 이를 통해서 우린, 가치는 고정되어 있지 않고, 우리의 노동과 노력, 지혜를 투입하여 개선할 수 있으며, 그 평가에 있어서 사회의 다양한 요소와 주관적 변수가 작용한다는 점을 확인하면 족하다. 또 무엇보다 '시차'가 존재한다는 부분도 나눴으니, 바로 다음 단락에서 더 자세히 나눠보도록 하겠다.

가치의 시차

때론 특정한 자산이나 재화에 시장참여자들의 **믿음**이 형성되면, 과도한 가격이 매겨지기 시작한다. 그저 가격만 천정부지 치솟기도 한다. 그러면 실질적인 가치와 가격 간 이격이 발생한다. 이런 현상을 거품, 즉 버블(Bubble)

이라 한다. 시장경제에서 버블이 형성되는 것은 필연이다. 또한 그 버블이 언젠가 터지는 것도 불가피하다.

버블이 필연이란 것엔, 서문에서 이미 다룬 바 있는 통화 창출(Money Creation)의 원리도 역할을 한다. 현대 금융시스템은 통화가 끝없이 팽창하는 것을 전제로 짜였다. 다시 말해 우리 경제 시스템이 건강하게 유지되기 위해서는 끝 없이 확장해야 하고 성장해야 한다. 하지만 거기엔 위험도 따른다. 시장에 풀리는 돈이 늘어날수록, 동일한 액수의 돈의 효용이 감소하고, 상대적으로 돈의 교환가치가 감소한다. '인플레이션'이 발생할 위험이 있는 것이다. 물론 이는 단순히 통화 창출뿐만 아니라 다른 여러 요인도 작용한다. 다만 우리 경제 시스템은 어느 정도 수준의 인플레이션이 발생할 것을 상정하여 짜여 있다. 그 결과, 경제가 성장하고 또 물가가 오른다.

가치는 미래지향적이고 시세는 과거의 데이터를 함의하고 있다. 가치는 명확하게 측정하기 심히 어려우며 그 실체가 눈에 보이지 않기에 평가가 때때로 제 각각이고 주관적이다. 하지만 가격은 과거 특정한 시점에 거래가 발생했을 때의 기록이다. 따라서 이것은 이견의 여지가 적다. 엄연히 특정 지점에 존재한 거래의 역사로서 남는다.

장기적으로 보았을 때, 가격과 가치는 함께 간다. 하지만 일시적으로 통계에서 말하는 이상점(outlier, 여타 데이터와는 극단적으로 다른 값)에 해당하는 거래가 발생하기도 한다. 따라서 단순히 거래 사례만을 보고 그 가치를 예단할 수 없게 한다.

이론적으로 시장에 존재하는 재화는 결국 적정가격을 찾는 방향으로 움직여서, 시장균형(equilibrium)에 수렴한다. 하지만 이는 점진적인 과정이며, 이를 달성하기 위한 충분한 시일이 필요하다. 따라서 당장은 가치보다 저평가받는 특정 재화를 매입하고, 보유하다가, 적정가격까지 시세가 오르면 파는 식으로 차익을 누리는 경우는 우리 주변에도 드물지 않다. 이런 '투자'가 가능한 것은 정보의 불균형에 기인한다. 이상적인 상황에서, 완전경쟁시장이 도래한다면, 이러한 현상이 일어나지 않으나, 우리가 누리는 시장은 그렇지 못하다.

이 점은 영적인 부분에도 동일하게 작용한다. 가령 천국이 그러하다. 곧바로 천국은 눈에 보이지 않는다. 또한 내가 믿는다고 해서 당장 천국을 만질 수 있는 것도 아니다. 따라서 당장 오늘 눈에 보이는 요소들로만 판단하면, 구원도 그저 애매한 개념이 되어버린다. 그 결과 천국은 지금 턱없이 적은 '가치'로 평가받는다. 이런 견지에서 구원받았다는 사실은, 그 천국의 가치를 미리 알아본 것을 말한다. 예수님이 주신 천국에 관한 예화에도 이러한 점이 드러나 있다.

밭일하다가 가치가 숨겨진 보화(천국)를 발견한 자는, 모든 소유를 다 팔아 그 밭을 산다. 여기서 보화는 상대적인 가치를 가진다. 원 소유주는 큰 가치를 부여하지 않은, 무언가이다. 당장 구매자가 모든 소유를 다 팔아서 사야 할 만큼 아주 값비싸지만, 그 진정한 가치가 드러난다면 도무지 구매할 수 없을 지경이 된다. 다시 말해 구매자는 미래가치를 내다보고 구매를 감행한 것이며, 가치의 시차 덕분에 간신히 구매에 필요한 액수를 충당할 수 있었다(마 13:44).

이렇듯, 지금은 그저 믿기만 하면 얻을 수 있는 것처럼 보이는 천국도, 그 내재가치가 시세에 오롯이 반영하는 시기가 온다. 즉, 천국의 가치가 시장균형가에 도달하면, 이윽고 우리의 믿음으론 도저히 구원을 얻을 수 없는 시기가 온다(마 22:2~14, 25:1~13). 비유하자면 오늘날 믿음은 가장 비싸고, 오늘날 천국은 가장 저렴하다. 하지만 시간이 흘러 천국이 가까울수록 이 관계는 역전된다. 천국은 가장 비싸져서 그 어떠한 것으로도 "구매"할 수 없으며, 천국의 존재에 관해선 믿음이 쓸모가 없어진다. 왜냐하면 천국이 실현되고 나면, 그것은 더 이상 믿음의 영역이 아닌 인지의 영역이 되기 때문이다.

> 그 후에 남은 처녀들이 와서 가로되 주여 주여 우리에게 열어 주소서 대답하여 가로되 진실로 너희에게 이르노니 내가 너희를 알지 못하노라 하였느니라 그런즉 깨어 있으라 너희는 그 날과 그 시를 알지 못하느니라 (마 25:11~13)

이 개념은 이후 6장 '투자'에서 다룰 돈의 시간가치(Time Value of Money)로 이어진다. 본 장에선 여기까지 나누고 이어서 가치평가에 대해서 나눠보도록 하자.

가치평가

가치는 주관적이며 상대적이란 말엔 많은 의미가 내포하여 있다. 이는 결과적으로 어떤 재화나 대상물의 평가 가치가 각 사람에게 다르다는 말이 된다. 그렇다면 도대체 왜, 무엇이 다른 것일까?

이는 실상 각 사람이 왜 고유한 성격과 기호를 가지고 있느냐는 질문과 다름없다. 경제적 요소, 문화적 배경, 심리적 양태, 사회적 영향, 교육, 타고난 성품 등 다양한 요인이 영향을 준다. 그렇다면 셀 수 없이 많은 요소 중에 무엇에 집중해야 할까? 이런 복잡미묘하며 얽힌 실타래와 같은 상황 속에선 모든 영역을 다루기보단, 우리가 통제할 수 있고 개선할 수 있는 영역에 집중함이 유리할 테다. 따라서 우리는 이번 기회에 가치체계와 우선순위, 그리고 시간적 선호도에 대해서 나눠보고자 한다.

가치체계(價値體系, Value System)

가치체계의 사전적 의미는 "어떤 대상의 중요성을 판단하고 결정하는 일정한 체계"라고 한다. 이는 우리가 **무엇**을 **왜** 가치 있게 여기는지를 결정한다. 이는 우리 내면에 있는 일종의 논리 회로와도 같다. 이 회로는 우리가 살아오면서 점진적으로 체득한 도덕적 원칙, 신앙, 사회적 규범, 고정관념 등을 재료로 구성한다.

예를 들어, 아주 양질의 고기를 반값에 할인하고 있다고 해보자. 충분한 돈이 있고, 냉장고에 자리가 충분한 사람들은 사지 않을 이유가 없다고 생각할 만한 그런 보기 드문 행사다. 하지만 양심적이나 신앙적인 이유로 채식주의를 실천하는 사람은 그 고기를 구매하지 않을 것이다. 심지어 반값으로 할인한 가격에 또 반값을 할인하여 75%나 할인해 준다고 하여도 구매 결정을 하지 않을 게 분명하다. 이처럼 우리의 소비 방식, 투자 태도, 상품에 대한 기호

등의 현상 이면에 숨겨진 우리의 가치체계를 분석하고 또한 인지하는 것은 나 스스로와 돈에 관해 이해하는 첫걸음이 된다.

다만 이 가치체계는 채식주의자의 경우와 같이 가치중립적이지만은 않다. 그래서 그저 **파악**만 하고 넘길 수 없다. 때로는 자기 파괴적으로 돈을 대하게 만들고 또 가치평가를 하게 한다. 1억의 돈을 도박과 유흥으로 탕진한 무분별 씨도 하나의 예가 될 수 있다. 무분별 씨는 단순히 돈에 대해서 **무지**한 것만이 아닐지 모른다. 어쩌면 가치체계가 무분별 씨의 소비 방식을 결정하였을 가능성도 다분하다. 그렇다면, 우리의 가치체계를 정비하면 될까?

일반적으로 가치체계는 아주 오랜 기간 점진적으로 형성된다. 따라서 이를 의도적으로 개선하는 것은 상당한 노력이 요한다. 때론 거의 불가능해 보이기도 한다. 가치체계의 변화는 통상 아주 강렬한 경험이나 학습, 의도적인 자기 탐구와 인지, 극적인 환경변화, 혹은 전문가의 상담이나 치료가 수반되어야 가능하다.

이런 견지에서 그리스도인은 매우 유리한 처지에 있다. 왜냐하면, 우린 **거듭남**을 경험하기 때문이다(요 3:3). 이는 성경에 따르면 우리 내면의 가치체계를 완전히 바꿔놓아, 우리의 삶을 그야말로 180° 바꿔놓는다(벧전 1:3~23; 딛 3:1~5; 고전 2:14; 엡 4:21~32; 갈 6:15; 빌 3:8~9). 이는 물이 얼음이 되는 종류의 물리적 변화라기보단, 물이 포도주가 되는 수준의 화학적 변화에 가깝다.

그렇다면, 이 '거듭남'의 효익은 우리에게 단순히 영적인 삶이나 죄에서 떠난 일상만을 안겨줌에 한정되지 않는다. 성령께서 내주 역사하시며 내 안의 요소요소를 씻기시고 개선하신다면, 우리 가치체계를 정비할 적기이다.

그 결과 각자가 구성할 가장 적합한 가치체계의 양태는 모두 다를 것이다. 이는 근원적으로 모두가 사명과 인격이 다르기 때문이다. 하지만 그런 과정을 거쳐서 형성한 가치체계는 돈에 관한 더 나은 이해와 가치 있는 소비, 또한 그로 인해 선한 영향력을 주변에 끼치는 삶이 되게 할 것임은 분명하다.

우선순위(優先順位, Priority)

우선순위를 이해하기 위해서 한 예를 들어보자. 한 가족은 공휴일을 맞아 1박 2일로 여행을 떠나기로 계획하고 있다. 그러나 그 가정의 자녀는 다음 주에 시험을 앞두고 있다. 여행은 가족 간의 소중한 추억을 만들 기회다. 하지만 시험 또한 자녀의 학업과 진로에 매우 지대한 영향을 끼칠 수 있다.

이런 상황에서 후회 없는 선택을 하기 위해선, 시험의 난이도와 그 중요도, 그리고 여행이 그 시험 준비에 얼마나 큰 영향을 끼치는지를 고려해야 한다. 또 그 여행이 가족에게 가지는 감정적-정서적 의미도 상고해야 한다. 만약 해당 시험이 매우 중요하고 장기적인 영향을 끼친다고 판단한다면, 시험 대비 공부를 우선시하는 게 더 합리적일 것이다. 반면 그 시험이 비교적 덜 중요하거나 이번 여행이 가족에게 큰 의미가 있다면, 여행을 선택하게 될 것이다.

우선순위는 다양한 가치와 신념, 원칙, 삶의 요소 간 중요도를 의미한다. 이는 통상적으로 가치체계를 기반하여 형성한다. 즉, 개인이 특정 가치를 더 중요하게 여기면, 그에 따라 우선순위를 조정한다. 따라서 일반적으로 우선순위는 가치체계의 종속적인 개념으로 여긴다. 하지만 반대로 우선순위에 대해 확고한 이해에 터 잡아, 주어진 환경과 현실에 맞게 가치체계를 정비하는 때도 있다. 따라서 이는 상호보완적인 관계다.

그렇다면 우선순위는 왜 존재하며, 또 왜 중요할까? 그것은 우리의 자원이 한정되어 있기 때문이다. 아주 간결하게 표현하면 우린 돈도, 시간도 한도가 있다. 엎친 데 덮친 격으로 몸도 하나다. 따라서 우린 한정된 재원을 가장 효과적으로 분배하고 할당하는 방법을 고심하여 목표를 달성하고자 한다. 앞서 가족여행과 시험공부 간의 결정도 실상 시간이란 재원이 한정되어 있기에 발생한다. 시간이 아주 넉넉하다면 고민할 필요가 없을 터다. 이를 학적으로 연구한 학문을 경영학이라고 한다.

한때 삶을 경영하자는 구호가 유행했다. 한정된 재원, 그러니까 정해진 시간과 예산 안에서 우리 삶을 좀 더 윤택하고 뜻깊게 만들고자 하는 소망이 표현된 방식이다. 그간 우리나라는 양적인 팽창을 거듭해 왔다. 그런 환경 속에선 제한된 재원이란 요소가 크게 와닿지 않았다. 소위 말하는 재원의 전체 **파이**가 증가하였으니까 말이다. 하지만 그 성장 속도를 유지하지 못한다면, 이제 가진 재원을 효과적이고 효율적인 활용을 하는 것이 성패를 결정한다. 그래서 삶을 경영하자고 한 것이다. 그렇다면 우선순위에 관한 깊은 이해는 오늘날 삶을 **경영**함과 가치평가를 이해하는 것에 중요하다.

시간적 선호도(Time Preference)

한적한 어느 오후, 햇살이 잔잔히 일렁이는 호수에 바스러져 꼭 보석과 같다. 밀짚모자를 쓴 아이 손에 들린 대나무 낚싯대가 운치를 더한다. 그러다 "첨벙"하고 수면이 일렁인다. 물고기가 미끼를 문 것이다. 아이는 능숙하게 물고기를 끌어 올린다. 하지만 그곳에 달린 것은 작은 고기다. 아이는 아쉬워 하면서도 다치지 않도록 주의를 기울이며 조심스레 물고기를 풀어준다. "더 자라면 오렴!" 아이의 따뜻한 말이다.

이 일화는 시간적 선호도에 관한 이야기이다. 아이는 당장 확실히 얻을 수 있는 이익인, '작은 물고기'를 포기하고, 미래에 얻을 불확실한 이익인, '크게 자란 물고기'를 기대한다. 또한 그 물고기가 산란한다면, 더 많은 물고기가 호수에 살게 될 것이다. 만약 그 호수가 그 아이의 가족이 소유한 사유지이거나, 마을이 소유한 공공부지라면, 메시지는 더 강해진다. 물론 그렇지 않더라도, 낚시를 사랑하는 애호가로 수자원을 보호하는 훌륭한 태도일 터다.

시간적 선호도란 현재와 미래에 관한 이익을 평가하는 방식을 말하며, 이는 가치평가에도 영향을 준다. 대부분 사람은 지금 얻을 수 있는 단기적인 이익을 선호한다. 그리고 이런 선호는 꽤 합리적 귀결이다. 미래는 불투명하다. 그래서 오늘의 확실한 이익을 포기한다는 사실은 그 자체로 위험이다(**위험 회피**). 또 그 크기가 같단 전제하에, 오늘 누리는 효용은 내일 누리는 효용보다 언제나 그 가치가 큰 법이다(**시간가치**, Time Value). 여기엔 심리적인 요인도 작용한다. 흔히들 상상력엔 비용이 든다고 한다. 심리적으로 눈에 보이지 않는 것엔 가치를 느끼기 어렵다. 이는 개발이 예정된 부동산의 가격이, 개발이 진행되어 그 구색을 갖추는 과정에 따라 점진적으로 오르는 것을 연상하면 이해가 쉽다.

그 결과, 통상 투자자나 고객은, 상당한 이익이 없다면 현재의 이익을 장래의 이익을 위해 포기하지 않는다. 현실의 투자상품 또한 이러한 점을 고려하여 투자상품을 구성한다. **위험 프리미엄**(risk premium)도 그 예이다. 지금 포기하는 이익이 클수록, 그 기간이 길수록, 안전도가 떨어질수록 더 많은 미래의 이익을 약속한다. 실로 흥미로운 부분은, 고대 로마 시대에 집필한 성경도 이런 원리를 담고 있다는 점이다. 성경에 따르면 우리의 인내도 장차 나타날 '천국'으로 대표되는, 세상의 그 무엇과 비교할 수 없는 영광을 기반한다.

> 생각건대 현재의 고난은 장차 우리에게 나타날 영광과 족히 비교할 수
> 없도다(롬 8:18)

이처럼 우리의 가치평가는 가치체계, 우선순위, 시간적 선호도 등 다양한 요소가 결합하고 또 상호작용하며 이뤄진다. 그렇기에 같은 대상을 놓고도 같은 평가를 하지 못한다. 이런 현실에 투자자들은 다만 '시장은 언제나 옳다'란 격언으로 마음을 다스릴 뿐이다.

우리 믿는 사람들의 경우는 'Only God knows', '오직 주만 아신다'라고 말할 수 있을 터다. 이 지점에선 선악과가 연상되기도 한다. 선과 악을, 가치와 무가치를 그저 두었을 땐, 내가 판별할 것이 없다. 하지만 그것을 따서 먹은 순간, 즉 하나님의 영역을 내가 침범한 순간, 이제 우리는 영영 눈에 보이지 않는 가치를 분석하고 평가하고 판단해야 하는 처지에 놓인다.

그 가치평가 결과가 다 다르기에 우린 늘 다툰다. 마치 하와와 아담이 그랬

던 것처럼. 가치판단에서 의견이 일치하는 법은 없다. 오늘날 시장은 거대한 전장과 같다. 주식시장엔 **황소**(상승론자)와 **곰**(하락론자)이 늘 다툰다고 우화적으로 표현한다. 하루에도 무수한 거래의 승자와 패자가 생겨난다. 사실상 우린 이런 일종의 '가치의 투쟁'에서 벗어날 순 없다. 이 '돈'이 만들어 낸 세계에서 가치를 생각하지 않고선 살아갈 수 없게 되었다. 어쩌면 그렇기에 예수께선 돈에 관한 가르침을 다수 주신 걸지도 모른다. 우리의 이러한 처지를 미리 내다보시고서.

헌물에 담긴 것

가치와 돈을 주제로 살피다 보면 몇 가지 분명해지는 사실이 있다. 분명 돈 그 자체엔 아무런 가치가 없지만, 시장참여자들의 **믿음**과 만났을 때 역설적으로 대단한 힘을 가진다는 점이다. 그 힘이 어찌나 대단한지, 그 가치도 없는 돈이 사람을 살리기도 하고 죽이기도 하며 우릴 울리고 또 웃게도 한다. 더러는 돈이 전능하다고 오해하여 신격화하고 우상화하기까지 한다. 그러다 보니 누군가는 그것을 신상처럼 섬기고 누군가는 하나님을 위해서 없애겠다며 적대감을 가진다. 하지만 전술한 바와 같이 돈은 텅 비어 있다. 돈에 무엇이라 이름을 붙이건, 결국 그것은 내 안에 담긴 것을 부여한 귀결일 따름이다. 그렇게 돈을 통해 보는 건 내 내면이다. 돈은 때론 마치 거울과 같다. 그래서 돈을 묘사하는 말엔 그 사람의 성품도 담겨있다.

또한 돈을 얻는 과정은, 더없이 고단하고 힘들다. 모두가 돈을 유용하다고 생각하고 또 좋아하기에 쉽게 내주지 않기 때문이다. 우리가 직업 활동을 통해서 돈을 벌기 위해선, 아주 오랜 기간의 교육과 노력, 자기관리, 연구 등이 필요하다. 또한 그 활동에 맞는 육체적이고 정신적인 노동을 감내해야 한다. 게다가 사람을 상대하는 일들은 감정을 소모하게 만들기도 하며, 때때로 어떤 노동은 위험을 무릅써야 한다. 그뿐인가? 우리는 노동하기 위해서, 가족과 보낼 수 있는 소중한 시간이나, 좋아하는 취미생활 등을 포기해 가면서 **희생**한다. 그야말로 인생과 행복을 갈아 넣어서 얻은 게 바로 **돈**이다.

그래서 그럴까? 어떻게 돈을 벌어 삶을 영위하느냐에 따라서 그 개인의 가치관과 인생의 모습이 결정되기도 한다. 상대적으로 노동의 시간과 강도가 더욱 강했던 과거, 한 개인의 직업은 그대로 가문의 생업이 되었고, 대대로 그 노동을 대물림한다. 그러다 결국 그들의 성(family name)이 결정되곤 한다. 대대로 대장장이가 가업이던 곳은 스미스(Smith), 사냥꾼 출신은 헌터(Hunter), 재봉사는 테일러(Taylor)로 그 정체성을 결정하기도 했다. 즉, 내가 삶의 영위를 위해서 인생 대부분의 시간을 할애하는 생업이 곧 사회적 나를 규정하게 된다.

이렇듯 돈엔 아무런 가치가 없지만, 그곳엔 우리의 삶과 애환, 참아야 했던 감정들, 괴로움, 땀 등이 고스란히 담겨있다. 피 묻은 돈이라는 수사적 표현이 있다. 하지만 현실을 살핀다면, 이는 단순한 문학적 표현이 아니다. 사실 우리가 가진 돈엔 모두 저마다의 사연, 그리고 눈물과 피가 묻어 있다.

어느 날 예수께서 헌금함에 두 렙돈이란 아주 적은 돈을 드린 과부를 보셨다. 그리곤 제자들에게 말씀하신다.

"저 과부가 다른 모든 사람보다 더 많이 넣었다"(눅 21:1-4; 막 12:41-44).

이를 통해 돈에 대한 하나님의 인식을 엿볼 수 있다. 하나님은 헌물에 담긴 우리의 삶과 애환을 이해하고 계신다. 하나님은 그 헌물 자체로 받으시는 것이 아니라, 그 돈을 벌기 위해서 우리가 일터에서 노력하고 수고한 것들의 **전체**, 그 전부를 받아 주신다. 하나님께 있어서 그건 우리의 생명이고 삶이다.

어떠한 헌물을 형성하기 위해서 들인 노고와 수고를 전부 고려하여 받아 준 예시는 다윗과 그의 용사들 이야기에서도 찾을 수 있다. 당시 다윗의 군대는 어려운 상황에 부닥쳐 있었다. 물도 다 떨어지고 포위당해 막막한 상태였다. 그러던 와중 다윗의 용사들은 목숨을 아끼지 않고 포위망을 돌파해 다윗이 마실 물을 구해왔다. 이를 본 다윗은 감동을 넘어선 무엇이라고 해도 좋을 감정에 휩싸여 울부짖었다. 그리고 이건 물이 아니라 그들의 생명이며, 피 그 자체라며 마실 수 없다고 이야기했다.

다윗이란 일개 왕이 자기 부하들을 이처럼 아끼며, 그들이 목숨을 걸고 구해온 것에 감동하는데, 다윗이 부하를 사랑하는 마음과 비교할 수 없을 만큼 커다란 사랑으로 우릴 사랑하시는 하나님은 또 얼마나 우리의 헌물을 기뻐하실까?

세 용사가 블레셋 사람의 군대를 충돌하고 지나가서 베들레헴 성문 곁 우물물을 길어 가지고 다윗에게로 왔으나 다윗이 마시기를 기뻐 아니하고 그 물을 여호와께 부어드리며 가로되 여호와여 내가 결단코 이런 일

을 하지 아니하리이다 이는 생명을 돌아보지 아니하고 갔던 사람들의 피

니이다 하고 마시기를 즐겨 아니하니라 세 용사가 이런 일을 행하였더라

(삼하 23:16~17)

약속하신 부

성경, 돈을 이야기하다

2장

거래 trade

의견의 불일치가 거래를 만든다

1장에서 우리는 '가치'에 대해서 나눴다. 돈에는 어떠한 가치도 없으며, 그 것을 소비하는 방식이 그 가치를 결정한다고 결론 내렸다. 즉, 돈의 가치는 그 돈을 지급하여 **교환**한 대상물의 가치로 결정된다는 말과도 같다. 그렇다면 자연스럽게 그 대상물에 담긴 '내재가치'에 관심이 가기 마련이다.

내재가치는 어떤 재화에 담긴 효익의 크기를 말한다. 그것은 눈으로 볼 수 없으며, 어떤 기계적 측정기로 명확히 측정할 수 없다. 따라서 주관적인 해석 에 따라서 그에 상응하는 돈의 양이 결정되며 가격이 매겨진다. 즉, 내재가치 에 대한 가치판단은, 필연적으로 사람마다 다를 수밖에 없다. 이 의견의 불일 치는 시장경제가 성립하는 것에 있어서 매우 중요한 역할을 담당한다.

이해를 돕기 위해, 김호빵 씨의 사례를 살펴보자. 우리의 김호빵 씨는 동네 빵집에 방문한다. 그리고 아주 먹음직스러워 보이는 찹쌀 빵 한 봉지를 집어 들곤 묻는다.

"얼마예요?"

"만원입니다."

'이 정도 질과 양의 찹쌀 빵이 만원이라니!'

완전 거저라고 김호빵 씨는 생각했다.

그래서 아주 기쁜 마음으로 만 원짜리 지폐를 건넨 김호빵 씨! 그 과정에 서 빵집 주인 역시도 만족한 표정을 지었다. 잠깐, 무언가 이상하지 않은가? 김호빵 씨에게 완전 거저인 거래에 어째서 빵집 주인도 기뻐할 수 있을까?

찹쌀 빵 한 봉지와 만 원짜리 지폐 간의 거래가 성립할 수 있었던 근원적인 이유는 무엇일까? 이 예시에서 발생한 현상은 실상 김호빵 씨와 빵집 주인 간의 **의견 불일치**이다. 더 정확히는 가치판단의 불일치라고 할 수 있다. 빵집 사장은, 찹쌀 빵 한 봉지보다 만 원이 더 가치가 있다고 생각했다. 반면 구매자 김호빵 씨의 경우, 만 원보다 찹쌀 한 봉지가, 정확히는 그것이 주는 효용(영양분, 맛 등)이 더 가치 있다고 판단했다. 그렇기에 둘 다 흡족한 거래가 성립할 수 있었다.

따라서 세상 모든 거래는, 근원적으로 가치판단의 불일치에 기인하여 발생한다. 모든 사람의 가치판단이 같다면 그 거래는 결코 일어날 수 없다. 그런 상황에서 자연스러운 거래는 발생할 수 없다. 오로지 사기나 기망행위, 또는 강요가 있어야만 가능하다. 빵집 주인과 김호빵 씨 둘 다 찹쌀 빵보다 만 원이 더 가치가 있다고 여긴다면, 그 누구도 만 원을 포기하고 찹쌀 빵을 사지 않을 것이다. 즉, 그 빵은 가진 가치에 비해서 터무니없이 '비싼' 것이다. 따라서 빵의 가격을 낮추기 전엔, 혹은 견과류를 올리거나 여타 잼과 같은 보조적인 사은품을 동봉하여 부가가치를 창출하지 않는 한, 재고가 될 운명일 것이다.

우리는 때론 우리와 다른 사람에 대해 불쾌하게 여기기도 하며, 적으로 인식하기도 한다. 하지만 실상 의견의 불일치는 우리 경제의 바탕을 이루는 아주 소중한 요소이다. 사소한 거래조차 나와 의견이 같은 사람만 사회에 있다면 성립할 수 없다. 이처럼 세상은 의견이 상충한 자들끼리 합의점을 찾아가며 유지된다. **정**(thesis)과 **반**(antithesis)이 있으니 결국 **합**(synthesis)을 이룰 기회를 얻을 수 있으며, 그러한 대립과 융합의 반복을 통해 이 사회가 더욱 풍성해진다.

> 너희는 유대인이나 헬라인이나 종이나 자주자나 남자나 여자 없이 다 그
> 리스도 예수 안에서 하나이니라(갈 3:28)

상호 간 '다름'을 **다양성**(diversity)으로 승화하여 커다란 **시너지**(synergy, 동반 상승)를 이룬 사례는 초대교회에서 찾아볼 수 있다. 당시 초대교회는 유례를 찾아보기 어려울 정도로 사회적으로 다양한 계급과 성별, 인종이 모인 집단이었다. 그들의 문화-종교적 배경은 매우 달랐다. 그런 그들이 함께하니, 다툼도 많고 어려움도 많았다. 하지만 그들이 하나로 연합하자, 로마 제국의 탄압도 그들을 꺾을 수 없었다. 결국 삼켜진 것은 로마 제국이었고, 그들의 신앙이 국교로 공인되기까지 인내했다.

하지만, 불일치나 다름을 포용한다고 해서 그것이 늘 긍정적인 영향을 주진 않는다. 역사의 많은 사례에도 그것을 끝내 극복하지 못한 여러 사례가 존재한다. 예수께서 말씀하신, "만일 집이 스스로 분쟁하면 그 집이 설 수 없고"란 말씀엔 그런 경고가 잘 담겼다(마 3:25). 이는 서기관들의 날이 선 모함에 대한 예수님의 반박이다. 하지만 예수님이란 구심점이 없다면, 도저히 하나의 그룹으로 평화롭게 묶일 수 없는 집단의 모임이던 당시 주님을 따르던 무리의 면면을 생각해 보면 실로 의미심장한 가르침을 얻는다. 당시 예수님 휘하엔 상극이던 열심당원과 세리가 공존했음은 물론, 정치 노선, 출신지, 학력, 직업, 신분 그야말로 제각각이었다. 그렇기에 때론 서열 정리 문제에 시달리곤 했다(눅 9:46, 22:24; 막 9:34). 따라서 이는 예수님을 따르는 무리를 향한

경고이기도 하다.

그렇다면, 단지 다름을 인정하고, 불일치를 확보하는 것이 능사가 아님을 확인 할 수 있다. 그저 다양한 사람을 모아둔다고 곧바로 '다양성'을 갖춘 훌륭한 집단이나 사회가 형성되지 않는다. 요는 그것을 어떻게 극복하고 다루냐이다. 그렇기에 이번 장에서 우린, 시장에서 의견의 불일치가 발생시키는 현상이자 돈의 가장 강력한 기능인 '거래'에 관해 이야기해 볼 것이다. 이를 통해서 사회에 존재하는 다름을 건설적이고 긍정적으로 해소할 방법을 고민해 보고 또 그 해결 방편으로의 돈의 역할은 무엇인지 고찰하고자 한다. 또 그 과정에서 성경에 기록한 거래의 기록을 탐구해 보는 건 매우 흥미로울 터다.

예수님의 성전 정화: 무엇에 분노하셨나

우린 때론 **거래**, 그 자체를 거룩하지 않거나 하나님과 동떨어진 행위로 생각한다. 이는 돈 자체를 악마화하는 과정에서 오는 귀결이다. 성경은 오히려 정당한 거래를 지지한다. 더 나아가 정당한 교환과 모범적인 상행위는 하나님이 기뻐하신다고 말한다(잠 11:1). 우리가 하나님께 드리는 헌물과 공동체를 위한 봉사도 실상 가치의 교환, 즉 '거래'이다. 이런 관점에서 우린 재원(돈, 시간 등)을 포기하고 하나님의 일에 조력할 기회를 '구매'한 것이다. 이는 물물교환이 되었건, 오늘날처럼 교환가치가 집약된 화폐를 이용한 거래가 되었건 모두 적용할 수 있는 원리이다.

때때로 우리는 사유재산이나 물질, 돈, 그 자체를 악하다 규정하며, 그러한 물질적인 가치들을 부정하기에 이른다. 마치 그것들을 배척하는 것이 영적인 신앙의 모양인 양 말이다. 하지만 실로 애석하게도 성경엔 그러한 자들이 특별히 경건하다거나 하나님이 바라시는 영적 성숙에 이른 자로 묘사하지 않는다. 오히려 장차 도래할 악한 체제는, 매매 활동을 위계로써 억압할 것이란 예언이 담겨있다는 것이 아주 독특하다.

> 저가 모든 자 곧 작은 자나 큰 자나 부자나 빈궁한 자나 자유한 자나 종들로 그 오른손에나 이마에 표를 받게 하고 누구든지 이 표를 가진 자 외에는 매매를 못하게 하니(계 13:16~17a)

성경은 그 악한 체제가 개인의 삶을 어떻게 파괴하고 억압할지 묘사한다. 그 예시 중의 하나가 바로 '상거래 금지'이다. '거래'는 우리가 사회에서 일상을 영위하기에 꼭 필요한 요소이다. 그렇기에 성경은 '거래'를 금하지 않는다. 다만 우리에게 하나님이 기뻐하시는 공정하고 올바른 방식으로 거래하라 권면한다.

요한계시록의 예언을 어느 특정 경제 체제만을 성경적이라고 주장할 근거로 쓸 순 없다. 일부 초대교회 공동체나, 중세 수도원, 키부츠처럼 공공재산만을 두고 함께 나누면서, 매매 없이도 아주 모범적인 사회를 구축한 사례도 있다. 경제-사회체제는 하나님이 인간에게 주신 지혜를 활용하여 시대와 상황에 적합하게 구축하고 결정할 수 있다. 하나님은 우리의 자유와 자율성을 보장해 주신다.

물론 상거래가 하나님 뜻에 벗어난다는 주장의 근거로 사용하는 일화가 있다. 바로 성전 정화에 관한 내용이다. 이를 어떻게 해석하느냐에 따라서 하나님이 가지신 상거래에 대한 관점을 엿볼 수 있다.

어느 날 예수께선 예루살렘 성전에 가시어, 채찍으로 돈 바꾸는 자들과 가축을 파는 상인들을 몰아내셨다. 당시 성전은 제사장들의 관리영역으로, 아주 충격적인 대사건이었다. 그들의 권위에 대한 도전으로 해석하였고, 결국 훗날 예수님에게 십자가형을 선고한 재판의 혐의 중 하나였다(막 14:58). 이는 사복음서 모두에 기록한 사건이다(마 21:12~13; 막 11:15~17; 눅 19:45~46; 요 2:14~17). 그만큼 예수님의 공생애 중에서도 아주 중요하며, 또 신학적으로 유의미한 사건이다.

그렇다면 과연 예수님은 왜 분노하셨을까?

공관복음(마태, 마가, 누가)엔 기도하는 집이라 일컬음을 받을 곳을, '강도의 소굴'로 만들었기에 분노하셨다고 기록한다. 특히 강도로 번역한 레스테스(λῃστής)는 단순한 도둑을 의미하는 걸 넘어, 폭력이나 위력을 행사하여 갈취하는 집단이다. 이에 미뤄보면, 성전에 오는 예배자들을 착취하는 구조가 있었음을 암시한다.

요한복음엔 '성전 안'에서 영업하는 장사꾼과 환전상을 보시고(요 2:14), 내 아버지의 집으로 '장사하는 집'을 만들지 말라 하신다(요 2:16). 장사 자체가 문제인지, 그 성전의 정체성이 '장사하는 집'이 된 것이 문제인지, 아니면 그 장사가 성전 밖이 아닌, '안'에서 발생했기에 문제인지 생각할 여지를 주는 대목이다.

우선 당시 배경을 좀 더 잘 이해하기 위해서, 성전에서 돈을 교환하는 '서비스'가 등장한 경위를 살펴보자. 원칙적으론 율법의 규례에 따라서 자신이 직접 준비하고 키운 제물을 드려야 했다. 세월이 흐르며 몇 가지 변화가 일어났다. 일단 성전이 위치한 예루살렘은 도시화하였다. 많은 사람이 모여 살게 되었고 도시영역은 확장되어 갔다. 지파별로 그 터전이 정해져 있던 시대는 지나고 유대인들은 넓게 퍼져 살게 되었다. 유대인의 이민이 예루살렘의 멸망과 디아스포라로 대표되는 대규모 이동 이전에도 있었다는 것은 이제 널리 알려진 사실이다.

그 먼 길에서 미리 준비한 소나 양 등을 예루살렘으로 옮겨오는 것이 불가능했다. 과거에야 시기별로 유목을 하던 사람도 많았으니, 예루살렘에 찾아오는 게 상대적으로 쉬웠을 터다. 이젠 로마 제국 각지에 흩어져 사는 유대인들이 다양한 지역에서 통용되는 화폐를 들고 찾아왔다. 그렇기에 성전에서 돈 바꿔주는 서비스가 필요했고, 하나님께 드릴 제물인 소, 양, 새 따위를 파는 상인이 필요했다. 그 초기에는 제사의 과정을 원활하게 할 수 있는 '서비스'로 제공하였다. 특히 이 부분은 신명기에서 비슷한 예를 확인 할 수 있다.

그러나 네 하나님 여호와께서 그 이름을 두시려고 택하신 곳이 네게서 너무 멀고 행로가 어려워서 그 풍부히 주신 것을 가지고 갈 수 없거든 그 것을 돈으로 바꾸어 그 돈을 싸서 가지고 네 하나님 여호와의 택하신 곳 으로 가서 무릇 네 마음에 좋아하는 것을 그 돈으로 사되 우양이나 포도 주나 독주등 무릇 네 마음에 원하는 것을 구하고 거기 네 하나님 여호와

의 앞에서 너와 네 권속이 함께 먹고 즐거워할 것이며(신 14:24~26)

하지만 이는 변질한 방향으로 적용되었다. 특히 이러한 구조는 누군가 마음을 다르게 먹으면 큰 이익을 얻을 기회가 생긴다.

이를 그려보기 위해서 벳새다에서 목축하던 **게바**라는 한 목동을 예시로 들어보자. 그는 현대에 골란고원으로 알려진 비옥한 고원을 오가며 양을 치는 자였다. 그는 경건하게 하나님을 믿는 자로서, 비록 자신이 돌보아야 할 양무리를 차마 두고 갈 수 없어서, 매년 예루살렘 성전에 찾아갈 순 없었다. 하지만 그에겐 예루살렘 성전에서 율법의 예대로 하나님께 예배하고자 하는 열망이 있었다.

오랜 기간 그는 예루살렘으로 여행할 준비를 했다. 미리부터 자신의 양무리를 돌보아 줄 믿음직한 목자를 찾았고, 또 예루살렘으로 갈 때 필요한 여비와 여분의 옷과 샌들 등을 구비했다.

그리고 자기가 가진 양 중 최고로 좋은 양을 마련했다. 비록 하나님의 제사장들이나 판단할 수 있는 부분이겠지만, 목동으로서 최선을 다해서 고른 가장 좋은 양이었다. 아무리 살펴보아도 점도 흠도 없었다. 목축업을 하더라도 이 정도로 좋은 양은 쉽게 찾을 수 없는 아주 양질의 양이었다.

하지만 문제가 발생했다. 예루살렘으로 가는 길은 180km 정도 되었다. 그 거리를 사람만 가도 어려운데 양이 견디기는 어려운 강행군이었다. 그래서 목동 게바는 자신이 고르고 고른 가장 좋은 양을 시장에 팔았다. 비록 정성스럽게 키운 양을 동전 몇 닢에 바꾼다는 것은 퍽 마음이 아팠지만, 예루살렘에서 하나님께 예배를 드리고자 하는 열망이 있었기에 모든 것을 감내했다.

가는 길은 험하기도 하고 고되기도 했다. 그와 같이 성전에 가는 사람들도 오가며 만났다. 상인들도 함께했다. 길가엔 더러 불행히도 강도당한 피해자가 있었다. 그들은 곧 구걸하는 처지가 되었다. 게바도 마음이 동하여 식량으로 들고 다니던 음식을 좀 나눠줬다. 차마 돈은 건네지 못했다. 예산이 빠듯했기 때문이다.

이윽고 그는 예루살렘에 도착했다. 과연 말로 들었던 것처럼 화려하고 거대한 도시였다. 성전에도 당도했다. 성전은 헤롯 대왕의 명령에 따라 확장공사를 하려고 여기저기 분주히 조각하고 다듬어 댔지만, 결코 미완성이란 생각이 들지 않을 정도로 매우 화려하고 웅장했다.

성전에 돈 바꿔주는 사람이 있었다. 세계 곳곳에서 몰려든 인파가 사용하는 다양한 돈을 성전에서 통용되는 돈으로 바꿔주는 자였다. 큰 수수료를 받았지만, 그 덕분에 다른 지역에서 섬기는 신이나 왕의 얼굴이 그려진 동전을 거룩한 성전에서 사용하는 누를 저지르지 않을 수 있었다. 사실 수수료가 적정한지는 평생 목동으로 산 그에겐 알 수 없는 부분이기도 했다. 하지만 그런 게바도 진정 문제를 느끼게 된 장소는, 뜰 안에 헌물로 드릴 희생제물을 파는 곳이었다. 목동인 게바는 한눈에 알 수 있었다. 상품 가치가 없는 소와 양들만 모여있다고!

더 좋은 양을 내어달라고 부탁할 요량으로 상인에게 얼마냐 물었다. 상인은 한 눈으로 봐도 병에 걸린 상품성이 없는 양을 가리키면서 손을 펴서 그

값을 표했다. 터무니없는 가격이었다. 게바가 예루살렘에서 양을 다시 살려고 팔았던 가장 좋은 양의 가격쯤 되었다. 물론 자신이 직접 기른 최고의 양에 비할 수 있는 양을 도시인, 예루살렘에서 구매하기란 어렵단 것은 예상했다. 하지만 하나님께 드릴 예물로 쓰이기에는커녕 시장에 내다 팔 수도 없는 양이었다.

"하나님껜 점 없고 흠 없는 양만 드려야 하는 것 아니오? 제사장이 통과시켜 주겠소?"

게바가 물었다.

"저기 저 3번째 보이는 제사장에게 가쇼. 나랑 이야기가 되어있으니, 가보면 알 거요"

"사기꾼!"

울화가 치민 게바는 크게 외쳤다.

"이 돈은 저기 저 흠 없고 점 없는 양을 살 수 있는 액수라고!"

상인이 그를 밀쳤다. 성전을 지키는 경비대가 다가왔다.

"이 비렁뱅이가, 저건 귀족 나리들이나 살 수 있는 가격대다, 네가 뭘 안다고, 가난한 주제에. 네놈은 주머니만 가벼운 게 아니다. 네 머리도, 그 안에 담긴 네 마음도 가난한 놈이다."

욕지거리를 내뱉었다.

게바는 돌아왔다. 벳새다이다. 그에게 있어서 예루살렘에서의 기억은 커다란 상처였다. 그러다 어느덧 그리스도가 오셨단 소문이 들린다. 약속된 메시아가 *하오세르*산(팔복산)에 방문하셨다는 것이다. 마침 그가 지내는 벳새다에도 매우 가까운 산이었다. 많은 인파가 몰렸다. 게바도 그 인파에 따라서 가기는 했지만 큰 기대는 하지 않았다. 종교도, 믿음도, 말씀도 그저 옛이야기를 풀어 놓은 것 아닌가? 게바는 그리 생각했다. 성전을 경험한 그의 소회였다.

이윽고 예수께서 그 민중들을 향해서 입을 여신다.

"마음이 가난한 자는 복이 있나니"

게바는 털썩 주저앉았다. 들 바닥에 얼굴을 파묻고 엉엉 울었다. 그의 마음엔 회개인지, 기쁨의 기도인지 모를 것들이 가득 차올랐다. 그리고 어째서인지 게바 말고도 눈물짓고 또 미소를 짓는 자들이 많았다.

그 의미는 각자가 달랐지만 말이다.

물론 이는 상상에 기대어 당시 시대 상황을 재구성한 것이다. 다만 어떤 방향의 해석을 하더라도 성경에 기록한 무수한 상거래의 기록과 공정한 거래를 좋아하신다는 하나님에 대한 묘사가 빛을 잃거나 부정되진 않는다.

존재하던 서비스가 변질된 것이 문제건, 성전 '안'에 존재하기 때문이건, 거룩한 성전의 의식과 관련하여 '장사'가 결부되었기 때문이건, 어쨌건 그것은 '성전'이란 요소에 한하기 때문이다. 이는 개인 양심과 신앙에 따라 해석할 수 있을 것이다.

다만 사복음서 전부에 기록한 아주 인상 깊은 사건이란 이유로, 혹여나 거래나 사업, 또는 돈에 대해서 백안시하고 도망하고 싶은 마음이 든다면, 재고해 보기를 간곡히 권한다. 왜냐하면 하나님께선 우리에게 돈을 활용하여 이루라 주신 일들도 있기 때문이다.

어떤 사람에게든지 하나님이 재물과 부요를 주사 능히 누리게 하시며 분복을 받아 수고함으로 즐거워하게 하신 것은 하나님의 선물이라(전 5:19)

기독교는 지불하는 종교다

성경의 여러 부분에 **거래**가 등장한다. 앞서 나눈 신명기 14:24~26의 말씀처럼, 돈으로 하는 '거래'를 하나님을 예배하는 사람들을 위한 서비스로써 제공하도록 배려하신 기록도 있다. 게다가 하나님의 뜻을 이루시는 방편으로 '거래'를 사용하신 장면도 꽤 빈번하게 등장한다. 이번 기회에 그중 일부를 살펴보고자 한다.

아브라함의 사례

창세기에 수록한 아브라함이 대대로 가족묘로 사용한 막벨라 굴을 취득하는 과정은 매우 흥미로운 이야기를 담고 있다. 이는 인류사란 기준에서도 부동산 거래에 대한 앞선 기록 중의 하나이다. 성경 기록상 당시 헤브론 일대는 히타이트 족속의 영역권이었다. 아브라함은 그들에게 막벨라 굴을 가족묘로 사용하고 싶다는 의사를 밝힌다. 이에 헷 족속은 그간의 친분도 있으니, 값을 받지 않겠다고 선언했다.

하지만 아브라함은 **무료**가 때론 가장 비싸다는 것을 알고 있는 사람이다. 헷 족속의, 무상으로 사용할 수 있게 하겠다는 거듭된 제안에도 그는 단 한 푼도 깎지 않고 **제값**(full price)을 내고 구매한다(창 23:9~16). 만약 아브라함이 순순히 헷 족속의 제안에 동의하였더라면 우애나 선의의 이야기가 되었을 사건이, 그가 한사코 땅값을 **지불**한다는 의지를 관철함으로 **상거래**에 관한 이야기가 된다.

이는 훗날 아브라함의 아주 중요한 한 수가 된다. 그의 아들과 손자, 이삭과 야곱에게도 그 지역을 점유하는 것에 매우 귀중한 명분이 되어줬고, 그로부터 수백 년 뒤 모세가 이끄는 출애굽 한 이스라엘 백성에게도 가나안 귀환의 매우 강력한 근거가 된다.

만약 아브라함이 그들의 제안을 받아 무료로 가족묘로 사용했더라면, 당장 그 땅값인, 은 사백 세겔을 아낄 수 있었다. 이를 오늘날 가치로 환산하면 대략 작은 집 한 채를 살 수 있는 돈이라고 하니, 그 또한 커다란 의미가 있을 터였다. 하지만 그때 지불한 은 사백 세겔로 아브라함의 후손들이 얻은 명분에 비하면 그것은 오히려 아주 적은 이익이었다. 다시 말해 아브라함의 심상 저울엔 집을 살만한 돈과 이후 얻을 명분의 값어치가 올라갔으며, 그 결과 집값에 해당하는 돈을 포기한 것이 된다.

그렇게 그 거래의 결과 때문에 아브라함과 그의 자손인 이스라엘 백성이 큰 이익을 봤으니, 사백 세겔을 받아서 든 헷 족속은 큰 손실을 본 걸까? 그렇지 않다.

여기엔 앞서 다룬 시간적 선호와 앞으로 다룰 돈의 시간가치가 역할을 담당한다. 어찌 되었든 아브라함과 그의 자손인 이스라엘 백성이 큰 효익을 본 것은 아주 먼 훗날의 이야기다. 세월로 치면 오백여 년은 되어야 그 형태가 갖춰질 이야기다.

여기서 교환한 가치는 실상, 단기적 이익과 장기적 이익이다. 아브라함은 하나님을 만난 덕분에 초 장기적인 이익을 보는 자가 되어 있었다. 그렇기에 기꺼이 당장 눈에 보이는 이익을 내어주고 먼 훗날, 하나님이 이루실 민족에게 득이 되는 대담한 한 수를 둘 수 있었다. 그 결과로 거래의 대상자인 헷 족속도 아무런 피해를 보지 않고 이익을 얻었다. 당장 땅을 제값으로 판매했으니 헷 족속도 좋고, 아브라함은 하나님의 약속을 성취할 땅을 얻었으니 좋다. 이 그림에서 그 누구도 슬픈 사람은 없다. 그야말로 **윈-윈**이다. 이처럼 영적으로 아주 중요한 의미가 함의된 **땅**을 하나님은, 상거래라는 인간의 활동을 통해서 확보하도록 하셨다.

천국에 대한 거래 비유

놀랍게도 천국에 대한 비유에도 이런 거래가 예시로 활용된다. 예수님은 천국을 밭에 숨겨진 보화와 같아서, 사람이 이를 발견하면 모든 소유를 다 팔아 밭을 산다고 비유하셨고(마 13:44), 또한 좋은 진주를 찾는 상인 같아서, 좋은 진주를 발견하면 자기 소유를 다 팔아서 그것을 산다고 하셨다(45-46). 특히 인상 깊은 것은, 첫 비유에서 **천국**은 구매의 대상물인, **보화**에 빗대셨고, 둘째 비유에서 **천국**은 상인, 그러니까 거래의 **구매자**로 표현하셨다는 점이다.

	마태복음 13:44의 비유	마태복음 13:45-46의 비유
천국	밭에 숨겨진 보화	구매자(진주를 취급하는 상인)
우리	구매자(밭의 일꾼)	좋은 진주

<거래가 방편인 천국 비유>

마태복음 13장은 예수께서 천국에 대해서 비유하신 것들을 모아 편집한 어록 모음집이다. 이는 천국과 구원의 다양한 측면을 드러내심으로 인해서, 이 땅에서 아직 가시적으로 볼 수 없는 천국을 이해할 수 있도록 도우심에 그 목적이 있다. 따라서 두 비유만으로 천국이 어떠하다 결론 내리는 것은 불가능하다.

하지만 여전히 확인할 수 있는 사실은, 천국은 가치를 탐색하고, 가치평가를 하며, 거래를 통해 취득하는 일련의 과정을 포함하고 있단 것이다. 이렇게 나열하고 보면 마치 우리가 일상적으로 진행하는 쇼핑의 과정 같기도 하며, 의사 결정하는 모습 같기도 하다. 당대 사람들에게 천국은, 일상과는 더없이 멀리 떨어져 있는 아주 아스라한 무언가였을 터다. 하지만 예수님은 천국과 구원은 여전히 그들 일상의 연장선이란 메시지를 주셨다.

이는 당시 종교 지도자들의 가르침과 정면으로 대치된다. 그들은 천국이란 굉장히 신비하고 또 종교적이라, 율법의 다양한 규례를 전부 지켜야만 간신히 그 길이 열리는 듯 가르쳤다. 당연히 그 율법을 지키는 것도 부유층, 식자, 권력 계층에게 유리하다 못해, 오직 그들만 달성이 이론상 가능했다. 그도 그럴 것이, 당시엔 율법을 준수하게 한다는 목적으로 세부 조항을 덧붙이는 것이 유행했다. 그래서 안식일만 해도, 지키기 위한 보조 계명 900여 가지가 추가되었다.

그렇기에, 대중은 일상을 포기하지 않으면, 천국에 들어갈 신앙을 가질 수 없다고 여겼다. 이 모든 행태를 예수께선 아주 효과적으로 요약하신다.

"너희는 천국 문을 닫고, 너희도 들어가지 않으면서 들어가려는 자도 들어가지 못하게 막는다"(마 23:13).

하지만 예수님의 가르침에 따르면, 천국은 그 가치를 미리 믿고, 내 모든 것을 내어드리면 갈 수 있다고 한다. 이는 상업이 발달한 당시 민중들에게도 친숙한 **거래**의 형태이다. 오늘날과 같이 로마 시대의 민중도 일상 속, 늘 상거래를 했기에 이해하기 쉬웠다. 다만 다른 점이 있다면, 천국은 돈이 부족하다고 타박하지 않는다는 것이다. 하나님은 어찌나 은혜로우신지 그저 원하시는 것이 **내 전부**란다. 이제 힘도 돈도 빽도 없는 민중도 천국에 들어갈 희망이 생겼다. 이는 그야말로 '기쁜 소식'(**복음**)이다.

우린 때론 복음서를 보며 생각한다.
'어째서 천국과 같이 거룩한 곳을, 상거래와 같이 천하고 세속적인 비유로 설명하셨을까?'

하지만 이에 대한 답은 사실 명확하다. 그래야 당시 천하고 세속적이라 여겨지는 자들에게 닿으실 수 있었으니까! 또 오늘날 우리도 친숙하게 이해할 메시지를 주실 수 있으실 테니까.

가난한 자를 진토에서 일으키시며 빈핍한 자를 거름더미에서 드사 귀족들과 함께 앉게 하시며 영광의 위를 차지하게 하시는도다 땅의 기둥들은 여호와의 것이라 여호와께서 세계를 그 위에 세우셨도다(삼상 2:8)
주의 성령이 내게 임하셨으니 이는 가난한 자에게 복음을 전하게 하시려고 내게 기름을 부으시고 나를 보내사 포로 된 자에게 자유를, 눈먼 자에게 다시 보게 함을 전파하며 눌린 자를 자유케 하고 주의 은혜의 해를 전파하게 하려 하심이라 하였더라(눅 4:18~19)

예수님의 십자가

예수께서 천국을 상거래의 형태 비유로 전달하신 것은, 그가 십자가를 통해 이루실 구속사에 관해 아직 알지 못했던 제자들에겐 대단히 유의미한 암시이자 예고이다. 이 구속사에서 '구속'은, 헬라어로는 *아고라조*(ἀγοράζω, 구매하여 얻다, 거래를 통해 취득하다)라고 한다. 그 뜻에도 알 수 있듯, 상거래 용어다. 성경의 표현에 따르면, 그리스도께선 십자가에서 자신을 내어주시고 (**지불**), 우리를 죄로부터 구속(**구매**)하셨다. 그래서 우리를 자기의 **소유**로 삼으셨다.

이 구속으로서의 구원이 명확하게 드러난 구절, 십자가 위 예수님의 마지막 모습을 담은 요한 19장 30절이다. 예수께선 "다 이루었다"라고 하시고 십자가 죽음을 맞으셨다. "다 이루었다"는 *텔레오*(τελέω)라는 단어로, 상업적으로 사용할 땐, 어떤 계약 조건을 충족하거나, 지급조건을 대금을 지불함으로 완성함을 의미한다. 이런 의미를 담아 의역하자면 "전부 지급 완료하였다"가 된다.

예수님의 대속이 상거래의 형태로만 이뤄졌어야 했기 때문은 아닐 터다. 하나님께선 당신이 이루실 일을 당신의 뜻에 좋으신 대로 제약 없이 행하신다(잠 19:21). 이는 어디까지나 구원하실 대상자들, 그러니까 우리를 위함이다. 마침 제자들과 민중은, 율법을 소유하여, 대속 제물을 바치는 것이 익숙했다. 거기에 예수께선 공생애 중 당신이 이루실 천국과 구원을 상거래에 빗대어 틈틈이 설명해 주셨다. 따라서 그들은 복잡한 신학적 소양이나 지식이 없더라도 예수 그리스도의 십자가 대속을 이해하는 것에 지장이 없었다.

게다가 이 거래라는 형태가 되니, 아주 선명해지는 메시지가 있다. 바로 **가치평가**이다. 전술했듯, 모든 거래엔 가치평가가 발생한다. 통상 거래의 당사자들은, 각각 거래의 대상물의 가치를 판단하고, 거래를 통해 얻을 것이, 거래를 위해 내어줄 것보다 '가치'가 있을 때 거래를 감행한다. 이 하나님의 '가치평가'에서 우린 망극하게도 **예수님 전부**보다 귀하게 여김을 받았다. 하나님께선 예수님을 내어주시고 우리를 사셨다. 우리를.

여러분은 하나님께서 값을 치르고 사들인 사람입니다. 그러므로 여러분의 몸으로 하나님을 영화롭게 하십시오.(고전 6:20, 새번역)

벌레 같은 우리를 위해서 예수님을 내어주시다니! 그래서 십자가의 표면적 속성은 미련함이다(고전 1:18~25). 우리를 죄에서 건져내기 위해서 대신 예수님을 죽음에 내어주시다니! 그래서 십자가는 또한 압도적 은혜이다. 그리고 하나님이 예수님이란 형용이 불가한 값을 치르시고 우릴 사셨단 사실은, 고린도전서에 묘사한 대로, 초대교회 때부터 우리 믿는 이들의 꺾일 수 없는 자존감의 근거요, 일곱 번 넘어져도 일어설 수 있는 저력이고, 그 어떤 존재도 결코 하나님 손에서 우릴 빼앗을 수 없는 이유이다(롬 8:31~39).

자기 아들을 아끼지 아니하시고 우리 모든 사람을 위하여 내어주신 이가

어찌 그 아들과 함께 모든 것을 우리에게 은사로 주지 아니하시겠느뇨

(롬 8:32)

돈을 지불하고 사람을 남겨라

기독교는 지불하는 종교이고, 우리의 구원도 하나님이 우리를 **구매**하신 것이라는 사실은 어떤 의미일까? 우리 또한 이 세상에서 가치를 찾고 또 '구매'할 일이 있지 않을까? 그렇다면 우린 무엇을 구매해야 할까? 이 거래의 연속인 세상에서 우린 무엇을 고르며 살아가야 할까?

내가 너희에게 말하노니 불의의 재물로 친구를 사귀라 그리하면 없어질

때 저희가 영원한 처소로 너희를 영접하리라(눅 16:9)

이는 예수님의 가르침 중, 소위 말하는 '난해 구절'(해석하기 어려운 구절)에 해당한다. **불의**란 단어가 어떤 의미인지로 많은 이들의 고민을 사기도 한다. 더러는 불의는 worldly, 즉 '세속적인' 이란 의미가 있다고 해석하기도 하며, 더러는 말 그대로 하나님에게 벗어난 불의한 것을 의미한다고 하기도 한다. 또 다른 해석에 따르면, 그 말을 듣는 대상자들의 인식을 반영한 것이란 말씀이라고 한다. 이런 견지에 따르면 주님은 "너희들이 불의하게 여기는(세속적인 것으로 여기는) 재물로 친구를 사귀라"라는 말씀이 된다.

하지만 어느 방향으로 해석하더라도, 재물을 사용해서 친구를 사귀라는 말씀이란 것은 변함이 없다. 만약 돈과 거래란 개념에 대해서 낯설다면, "어떻게 돈으로 친구를 사라고 하시지?"라고 오해할 수 있겠다. 하지만 우린 알고 있다. 이는 **가치평가**에 관한 말씀이다. 즉, 예수님의 가르침에 따르면 재물보다 더 귀한 것은 친구와의 사귐이다. 따라서 재물을 지불(**포기**)하고 친구를 사귀는 것이 된다.

이 난해 구절은 누가복음에 기록한, 아주 유명한 난해 예화, '불의한 청지기 이야기'의 적용 부분이다. 하지만 이 책의 1장 '가치' 장을 읽으며 돈의 면면을 살핀 우리에겐 별로 난해하진 않은 아주 흥미로운 내용일 터다. 당연하다면 당연하다. 예수께서 사랑하는 제자들에게 의문투성이의 이야기를 하셨을 리 없기 때문이다. 들은 그들에게도 이 이야기는 아주 흥미롭고 재밌으며 또 깊이가 있는 이야기였을 터다. 이 기회에 우리도 한번 천천히 음미해 보자.

또한 제자들에게 이르시되 어떤 부자에게 청지기가 있는데 그가 주인의 소유를 허비한다는 말이 그 주인에게 들린지라 주인이 저를 불러 가로되 내가 네게 대하여 들은 이 말이 어찜이뇨 네 보던 일을 셈하라 청지기 사무를 계속하지 못하리라 하니 청지기가 속으로 이르되 주인이 내 직분을 빼앗으니 내가 무엇을 할꼬 땅을 파자니 힘이 없고 빌어 먹자니 부끄럽구나 내가 할 일을 알았도다 이렇게 하면 직분을 빼앗긴 후에 저희가 나를 자기 집으로 영접하리라 하고 주인에게 빚진 자를 낱낱이 불러다가 먼저 온 자에게 이르되 네가 내 주인에게 얼마나 졌느뇨 말하되 기름 백 말이니이다 가로되 여기 네 증서를 가지고 빨리 앉아 오십이라 쓰라 하고 또 다른이에게 이르되 너는 얼마나 졌느뇨 가로되 밀 백 석이니이다 이르되 여기 네 증서를 가지고 팔십이라 쓰라 하였는지라 주인이 이 옳지 않은 청지기가 일을 지혜 있게 하였으므로 칭찬하였으니 이 세대의 아들들이 자기 시대에 있어서는 빛의 아들들보다 더 지혜로움이니라(눅 16:1~8)

이를 당시에 예수님의 말씀을 들었던 청중이 느꼈을 법한 재미를 느껴보기 위해서 현대식으로 어투를 조금 고쳐보자.

어떤 부자에게 청지기가 있었다. 오늘날로 치면 자산관리사 정도로 이해하면 되겠다. 부자는 자산 운용을 그에게 맡겼는데, 세상에나 그 청지기가 굴리라는 자산을 투자하는 족족 날려 먹어 낭비하고 있다는 소식이 들려왔다. 가슴이 철렁 내려앉는다. 어쩌다 저런 무능한 청지기가 걸렸는지. 운도 없다. 이럴 거면 원금 보장이 되는 은행에 맡기고 말지. 내 그놈을 내치고 말리라.

근데 이 청지기, 눈치를 채고 만다. 그래, 원래 해고 위기에 처한 사람은 귀도 밝아지고 눈치도 빨라지는 법이다. 변명하자니 잃은 돈이 한두 푼이 아니고, 싹싹 빌자니, 주인 눈이 돌아도 보통 돈 게 아니다. 아니나 다를까 주인이 부른다. 형장으로 끌려가는 심정으로 주인 앞에 대령하고야 마는데, 뚫린 게 입이지만 할 말은 없다. 추궁하는 주인의 말에 아무 말도 대답하지 못하니, 이게 바로 꿀 먹은 벙어리다. 그러니 당연히 떨어지는 건 해고 통보요, 푹 숙인 건 고개다.

불행 중 다행인지, 벌린 게 많아서 다 정리할 때까지 시일을 준다는 주인의 말. 터벅터벅 주인의 집무실에서 걸어 나오는데. 한숨은 나오고 땅은 꺼지고 앞은 깜깜하다. 주판이나 굴리던 팔로 무슨 땅을 파겠으며, 낯짝은 또 얇디얇아 구걸은 못 하겠으니 어찌 먹고살꼬!

하지만 지구는 돈다고 않던가? 이 청지기 머리가 급속도로 도는데. 옳지! 그렇다. 허벅지를 딱 친다. 후다닥 달려간 곳은 업무를 보던 사무실 책상이요. 집어 든 것은 증서 묶음이다. 이 증서로 말할 것 같으면, 빚진 사람들이 빼곡히 적혀 있기로 그 이름도 무시무시한 빚 증서라.

그걸 들고 주인집 마당에 나가 씨암탉 같은 거래처부터 하나하나 불러오기 시작하는데. 빚쟁이가 부르니 큰 빚을 진 사람들이 오지 않을 수야 있는가? 굽신굽신 찾아온다. 그 마음이 무겁기가 해고 통보받으러 가던 청지기 심정과 대동소이. 그런데 이 청지기란 놈이 불러서 한다는 짓이 진 빚을 묻는 거다.

"얼마요?"

"뭐가 얼마요?"

"진 빚 말이오."

"기름 백 말이오. 근데 지금은 사정이….."

"잔말이 많소. 오십 말이라 고쳐 적으시오."

"지금 사정이….."

"거 답답한 양반, 잔말이 많소. 빨리 고쳐 적으시오. 오. 십. 말."

그제야 알아듣고 얼굴이 펴진다. 거의 도살장에 끌려오는 늙은 소 같았던 노인이 방방 뛰더니 청지기를 얼싸안고 뺨까지 맞춘다. 신앙심이라도 들어찼는지, 옛 선지자 다윗의 찬양 시까지 노래한다. 그렇게 주인집 앞마당은 한바탕 빚 탕감 잔치가 벌어진다.

사정이 이러니까. 거의 거리공연이다. 즉흥 플래시몹인지 마당놀이인지 모르겠지만, 하나님에 대한 찬양, 청지기를 고용한 부자 주인에 대한 칭송으로 쩌렁쩌렁하다. 난리 통에 주인도 호기심에 빼꼼 나와본다. 그러자 사람들이 알아보고 환호성과 박수갈채에 난리다. 영문도 모른 채 눈물의 감사도 받는다. 뭐가 뭔지 모르겠다.

한바탕 난리가 끝났다. 이젠 다시 집무실이다. 청지기와 그놈이 멋대로 고쳐놓은 증서를 번갈아 가며 본다. 반 토막을 내도 꼭 알토란들만 골라서 반토막 내났다. 그러던 주인은, 그 증서에 적힌 이름을 유심히 본다. 그리고 그 청지기의 의기양양한 모습을 살핀다. 주인의 눈빛이 바뀐다. 그리곤 조용히 말한다.

"영 못 써먹을 놈은 아녔구먼. 다시 기회를 줄 테니 이번엔 잘하게. 밑천의 3배는 불려야 할 거야."

청지기는 주인의 재산을 제대로 관리하지 못했다. 그래서 해고당할 위기에 처했다. 주인은 청지기가 무능하다고 생각했다. 이 상황에서 청지기가 할 수 있는 건 자신이 무능하지 않다는 증명뿐이다. 그저 운이 없어서 자산 운용에 실패한 것이며, 기회를 더 주면 분명 성공하리라 설득해야 했다. 그래서 꾀를 냈다. 주인에게 빚진 사람들을 모아서 빚을 탕감 해주기 시작한다. 상상력을 동원하면 주먹구구식으로 아무나 탕감해 주진 않았을 것이다. 이는 약삭빠른 청지기다. 아주 알토란 같은 거래처와 사람들을 고르고 골라서 반액만 탕감 해줬다. 전부 면제해 주지 않은 것 또한 주요한 노림수다.

이제 그가 해고당하더라도, 그 덕분에 탕감받은 사람들이 그를 도울 터다. 게다가 그가 무능해서 해고당한 것이 아닌, 빚을 탕감 해줬기에 해고당한 것으로 포장된다.

하지만 이 모든 상황은 하나의 협상카드가 된다. 청지기는 주인에게 말하고 있는 것만 같다.

"주인님, 이거 그냥 주인님이 한 것으로 합시다. 주인님 인망 얻으신 거 보십시오. 탕감해 준 사람들 어차피 중요한 거래처예요. 신세를 지게 해두어도 장기적으로 좋으면 좋지, 나쁠 거 없어요. 다 나중에 이익이 될 사람뿐입니다."

주인 입장에선 '외통수'다. 청지기를 내치자니, 자기는 돈과 인망을 잃고, 공은 청지기가 다 가져간다. 그렇다면 차라리, 어차피 잃은 돈, 인망과 꾀는 많지만 '불의한' 청지기를 곁에 두는 게 낫다. 애당초 그가 무능하다고 생각하여 해고하려 했다. 이 일로 제법 똑똑하단 것을 확인했으니, 오히려 잘된 거다. 그렇다면 차라리 그를 칭찬해 버린다. 배포를 보여주는 것이다.

이 예화가 굉장히 난해한 구조로 구성하여 있거나, 현대인들이 이해할 수 없는 배경의 이야기이진 않다. 그럼에도 이 이야기에서 많은 이들이 당황하는 것은 왜일까? 아마도 청지기면서 주인의 자산을 제대로 관리하지 못하고 '허비'했으면서, 염치도 없이 빚 증서를 '위조'한 자를 예수께서 긍정적으로 묘사하신 것으로 보여서 그런듯하다. 또 돈이 중심 소재로 자리하고 있으니, 괜히 선입견이 작용한 터일 수도 있다. 하지만 예수께선 예화 끝에 여전히 청지기를 *ἀδικία*(아디키아, 옳지 않은, 불의한, 불법을 저지른)으로 지칭하셨고(9절), 오직 그가 돈에 관해서 한 특정 행동이 지혜롭다 칭해주신 이야기다 (9~12절).

즉 이런 견지에서 주인 이름으로 허락 없이 탕감 해준 것 자체는 여전히 악하다. 이는 명백한 무권대리행위이며 월권행위이기 때문이다. 하지만 그럴지라도 그 행실에서 돈을 지혜롭게 경영하고 활용하는 법을 배워야 한다. '가시는 뱉고 살은 취한다'란 속담과 같이 말이다. 그리고 우리가 이 예화에서 배워야 할 돈 활용법은 바로, 돈만 남기는 것이 아니라, 사람을 남기는 것이다.

하지만 많은 경우 사람은 돈을 얻기 위해 친구를 버린다. 눈앞의 이익을 위해서 인연을 내어버리곤 한다. "십년지기 친구에게 사기를 당했다." 혹은 "보증을 섰다가 힘든 일을 겪었다."는 등의 말은 흔해서 굳이 말할 것도 없는 이야기다. 오죽했으면, 수천 년 전 솔로몬의 저작에도 보증을 서지 말란 구절이 있을까? (잠 11:15, 17:18, 20:17, 27:13 참조)

앞서 언급한, 당시 예수님의 교훈을 들었던 가룟 유다마저도 예수님을 은화에 팔아넘겼다. 다만 이러한 교훈은 단지 사람은 믿을 만한 존재가 아니며, 인생은 결국 혼자 사는 것이라는 다소 철학적인 결론을 내기 위해서 존재하지 않는다. 혹은 재물을 따르선 안 된다는 어떤 영적이고 도덕적인 교훈만을 위해서 존재하지 않는다. 그 내용보다도 우리가 주목하여 볼 것은, 소중한 것을 단돈 몇 푼에 내어버리게 만드는 가치평가의 실수다. 가룟 유다조차도 예수님을 팔고 난 다음 곧 후회하여 자책하다 자결하지 않았던가?

사람은 더 가치 있는 것을 얻고자 하는 본능을 가지고 있다. 사람 맘이 그렇지 않던가? 기왕이면 같은 가격에 더 좋은 상품을 가졌으면 좋겠다. 같은 질이라면 하나라도 더 있었으면 좋겠다. 지나치면 그것은 탐욕이 되지만, 적정수준이라면 우린 그런 마음을 향상심, 성장동력, 또는 사명을 향한 열심이라 하지 않던가?

성경은 우리가 가진 그런 유의 본능을 부정하기 위해 존재하지 않는다. 도리어 성경은 우리에게 더 나은 가치를 보여준다. 그리고 진정한 가치가 무엇인지 깨닫게 한다. 추구하지 말라며 윽박지르는 것이 아니라, 참으로 추구해야 할 보화가 무엇인지 보여준다. 불의한 청지기의 비유도, 또 불의한 재물로 친구를 사귀라는 교훈도 가만히 음미하면 돈에 관해 여러 생각을 하게 한다.

우리도 청지기처럼 수익을 낸 성적이나 직장에서의 능력으로 평가받는 처지가 되기도 하고, 우리도 부자처럼 누군가에게 맡긴 자산이 제대로 관리되지 않을 때 분노한다. 그리고 빚진 사람들의 상황, 그 상황은 아마 예수님의 예화를 듣던 당대 사람들이나, 그 이후 구절을 읽는 다양한 시대의 사람들 할 것 없이 모두가 공감할 내용일 터다. 돈을 둘러싼 다양한 인간군상이 울고 웃는 희로애락의 이야기 끝에, 예수께서 우릴 친구로 삼으시기 위해서 이 땅에 오신 그 주님이 말씀하신다.

"그럴지라도, 불의한 돈이라도 **친구**를 사귈 기회를 사라."

가치평가의 불일치는 우리에겐 기회다

> 너희는 이 세대를 본받지 말고 오직 마음을 새롭게 함으로 변화를 받아
> 하나님의 선하시고 기뻐하시고 온전하신 뜻이 무엇인지 분별하도록 하
> 라(롬 12:2)

앞서 우린 불의한 청지기의 비유를 살폈다. 그리고 그 이야기엔 돈에 관한 이야기뿐만 아니라, 당신의 전부를 다 내어주시고 우리를 **친구**로 삼으신 예수 그리스도의 뜻을 나눴다. 그 와중에 아주 중요한 요소를 언급하고 지나갔다. 바로 가치평가의 이격(離隔, 사이가 벌어짐)에 관한 부분이다. 앞서 돈을 얻기 위해서 친구와 인연을 내주는 경우가 빈번하다고 언급했으니, 이번엔 그것이 왜 발생하는지, 또 그런 현상이 우리 성경대로 믿는 자들에겐 어떤 이점이 되는지 상고해 보자.

그리스도인은 성령님과 동행을 시작하고 또 거듭남으로 인해 그간 가졌던 가치관(價値觀, Value)이 변한다. 그 결과 우리 가치체계에도 때론 점진적으로, 때론 격렬하게 일대 변동이 온다. 그로 인해, 우리는 이 사회에서 살고는 있지만, 세상에 속하지는 않은, 아주 이질적인 존재가 된다(요 8:23; 약 4:4; 롬 12:2). 이를 전통적으로 '나그네 인생길'이라 수사적으로 표현하기도 한다. 우린 그리스도를 믿음으로 이 세상에서 나그네가 되었다는 의미는, 단순히 우리의 서글픈 처지만을 의미하지 않는다. 이는 우리가 **돈**을 제대로 이해하고 활용할 때 오히려 우리에게 있어서 아주 강력한 강점으로 작용한다.

의견의 불일치가 모든 거래 성립의 근간이 됨을 이 장의 앞에서 다뤘다. 그리고 기독교는 지불하는 종교임도 나눴다. 게다가, 불의한 청지기의 비유를 통해, 예수께서 우리에게 불의한 재물을 좋은 것들로 바꾸라 권면하셨다는 것까지 확인했다. 이 모든 요소를 종합하면 이는 우리에게 아주 달가운 소식이 된다.

우리의 거듭남의 결과 덕분에 가치체계는 세상과 상당히 달라졌다. 결국 우리의 가치평가는 세상과 다를 수밖에 없다. 앞서 언급했던 아브라함의 막벨라 굴 거래와 같이, 우린 때론 다른 사람들이 상상하지 못할 정도로 먼 미래의 가치를 미리 바라보고 구매 활동을 해야 한다. 천국의 비유처럼 아직 드러나지 않은 가치를 먼저 발견하여 모든 것을 다 팔아서라도 구매해야 한다. 그야말로 눈이 달라진다. '세계관'(worldview)이 변했다고 해도 좋다.

이처럼 예수님을 만나고 세계관이 변하여 그 가치체계와 평가가 완전히 바뀐 가장 극적인 예는 삭개오에게서 찾을 수 있다. 교회학교 이야기로도 친숙한, 예수님을 보기 위해서 뽕나무에 올랐던 바로 그 키가 작은 삭개오다. 그는 오늘날로 치면 세무서장이라 할 수 있는 세리장으로 아주 큰 부자였다. 로마 제국 체제에서 세리장은, 통상 총세금액을 경쟁 입찰하여 징세 권한을 위임받았다. 하지만 정액만 징세하는 경우는 드물었고, 대개는 그 이상을 걷어서 착복했다. 게다가 유대인으로서 외부 세력인 로마에 협조적인 모습을 매국 행위로 간주하기도 했다. 그런 연유에서 세리들은 당시 유대 사회에서 죄인이라며 손가락질받곤 했다(눅 19:7). 하지만 예수님만은 그 삭개오를 살갑게 대해주셨다. 심지어 그의 집에도 찾아와 주셨다. 그는 감격한 나머지, 그간 살아온 방식을 회심하기에 이른다. 그는 자기 재산 절반을 가난한 이들에게 나눠줄 것과, 과거 누군가 속여 뺏은 경우가 있다면 네 배로 물어주겠다고 선언한다(눅 19:8).

삭개오는 그간 인망과 양심을 팔아 돈을 벌었는데, 예수님을 만나고 나니까 그렇게 번 돈은 무가치하게 느껴진다. 이제 극적으로 변한 가치체계 상, 돈과 재물보다 중요하게 된 인망과 친구를, 돈을 지불하여 사기 시작한다. 그 결과 그의 마음엔 더없는 기쁨이 들어찬다. 돈만 보았을 땐 그에게 손해다. 하지만 삭개오가 느낀 행복의 총량도 고려해 보니, 그에겐 만족감이 들어찬다. 그리고 예수께선 그에게 구원까지 선물로 주신다(눅 19:9~10).

물론 신앙인도 여전히 사람이다. 삭개오가 회심한 순간처럼 기쁨을 경험하더라도, 사노라면 때론 다른 눈을 가지고 산다는 것이 항상 유쾌하지만은 않다. 아마 삭개오도 성경에 다 기록하지 않은 어려움 속에서도 신앙을 붙잡고 나아가는 경험을 해야 했을 터다. 이처럼 사회에 소속하여 타인과 더불어 사는 사람에게 있어서 **다름**은 때론 잔인하게 와닿는다. 그래서 그 과정엔, 또 사명을 감당하는 도중엔, 서글픔도 느낀다. 때론 고단함도 느낀다. 다들 웃는데 어째서 나만 슬픈 것만 같다. 가끔은 신앙을 연유로 친구와도 멀어짐을 경험하기도 한다. 나만 손해 보는 것 같기도 하다. 하나님을 믿어서 놓친 기회투성이란 생각에 잠식하기도 한다.

하지만 이렇게 가정 보자. 만약 세상과 의견이 같다면, 경쟁이 붙는다. 수요공급 법칙에 따라서 가격이 천정부지로 치솟는다. 그 대상물을 도저히 구매할 수 없다. 하지만 우린 좁은 길을 간다. 그렇기에 우리는 넉넉히 구매할 수 있다. 신앙인에게 있어서 진정한 가치는 하나님이 부여해 주신다. 그 과정에서 우리에게 '손실'이 아닌 **기쁨**을 얻는다. 게다가 더 놀라운 것은, 하늘에도 우리 재물이 쌓인다(눅 12:33).

만약 세상과 우리가 완전히 의견이 같다고 생각해 보자. 성경이 말하는 온갖 선과 의로움, 주님이 주신 사명을 대하는 태도에 다름이 없다고 가정해 보자. 전도하기 위해서 번호표를 뽑아야 하고, 예배에 참석하기 위해서 웃돈을 내고 예약해야 하며, 기도하기 위해서 자격시험을 보아야 하는 일상이 펼쳐질 터다. 가난한 이를 돕기 위해 경쟁이 벌어진다면, 기부를 위한 **독점권** 경매라도 진행해야 하고, 어쩌면, 청약통장이라도 개설해, 청약 추첨이라도 해야 할 판이었을 터다.

그렇기에 기본적으로 우리가 추구하는 **선**은 그 경쟁이 없다고 해도 무방하다. 이를 다시 말하면, 경쟁이 없는 덕분에 **싸다.** 당장은 그 행위가 가지는 영적 가치가 보이지 않기에, 대부분 기꺼이 하려고 하지 않는다. 하지만 성경대로 믿는 신앙인에겐, 그 기회는 **감추인 보화**이다. 누구에게도 내줄 수 없는 사명의 자리다. 아무도 가치를 알아주지 않고, 심지어 천하게 보기까지 하는 자리라 할지라도, 영적인 관점까지 포함하여 살핀다면, 세상의 나와 다른 그 모든 인식이 오히려 **기회**로 작용한다. 이렇게 보면 우리가 도맡아 하는 궂은 일은 실상 **가치투자**(내재가치보다 낮은 가격에 거래되는 자산 등을 미리 알아보고 구매하는 것)인 것만 같다.

그리스도를 주로 영접함으로 거듭난 신자로 살아가는 우리가 이 세상과 짝할 수 없다는 사실을 우린 명백히 알고 있다(롬 12:2). 이는 단순히 우리와 세상을 가르는 장벽이 아니다. 이는 이 세상에서 우리가 살아남을 수 있는 **경쟁우위**(Competitive Advantage)의 원천이다. 이제는 우리의 **다름**을 활용하여, 세상은 만들어 낼 수 없는 그리스도의 향기로운 영향력을 발휘할 때이다.

온통 어렵다는 요즘 세상에 풍족한 것이 있다면 그것은 바로 기독교를 향한 모멸 찬 온갖 욕설이다. 더러는 말한다. 기독교는 이미 너무 늦었다고. 특히 한국 기독교는 이제 끝났다고. 아니다 결단코 그렇지 않다. 하나님이 끝이라고 하시기 전까진, 그 무엇도 끝나지 않았다.

우리의 '다름'을 '기회' 삼기 위한 첫걸음으로 우선 우리 일상부터 시작하자. 우리 일상을 둘러싼 생업, 그리고 그 생업으로 얻은 **돈**부터 시작하자. 그러기 위해서 치열하게 돈과 가치에 관해서 탐구하자. 그렇게 내 사명의 기회를 사고, 주님이 주신 소명의 자리에 서자. 그리고 주가 주시는 풍요를 기대하며 하루하루 나아가자. 이 모든 요소가 합력하여 그리스도의 향기 되길 기도하며!

불의한 것으로 더 좋은 것으로 교환하는 것

너희 목마른 자들아 물로 나아오라 돈 없는 자도 오라 너희는 와서 사 먹되 돈 없이, 값 없이 와서 포도주와 젖을 사라 너희가 어찌하여 양식 아닌 것을 위하여 은을 달아 주며 배부르게 못 할 것을 위하여 수고하느냐 나

를 청종하라 그리하면 너희가 좋은 것을 먹을 것이며 너희 마음이 기름
진 것으로 즐거움을 얻으리라(사 55:1~2)

**성경이 말하는 지혜 있는 자의 거래는, 불의한 것을 선한 것으로 교환하는
것이며, 한시적인 가치를 항구적인 가치로 교환해 나가는 것이다.** 너무 거창
한 개념으로 보일지도 모르겠다. 단순하게 말하면 내가 가진 것으로 더 가치
있는 것과 교환해 나가는 것이다. 이 과정에서 누군가를 속이거나 착복하는
일은 발생하지 않는다. 앞서 다룬 바와 같이, 모든 사람은 각기 다른 가치판단
을 통해 가치체계를 가지고 있다. 즉 가치와 효용은 주관적이다.

따라서 각자가 평가하는 가치가 다르며, 얻는 효용이 차이가 나고, 그것
을 얻어야 할 시점이 다르다. 그 결과 이론적으로 모든 거래는 상호이익(win-
win)으로 작용할 수 있다. 장기적으로 보았을 때, 공동의 이익이 발생함으로
사는 자나 파는 자나 누구 하나 손해를 보는 자가 없고 모두 효익을 보기에,
닫힌 국가보다, 교류가 활발하고 무역에 적극적으로 임하는 국가가 통상 더
부유하고 윤택하다.

물론 이런 이론적 원리가 현실에 제대로 적용하기 위해선 **공정**이 살아있
어야 한다. 우린 한 대상에게 일방적으로 손해가 가는 거래를 보면 분노한다.
이는 사기나 기망이라 하는 것들이다. 냉엄한 경제시장에서 우린 얼마든지
그러한 사기와 기망, 불공정한 거래의 피해자가 될 수도 있고 가해자가 될 수
도 있다. 때론 시장에서 승리한다는 것, 많은 돈을 버는 것은, 그런 기망을 관
철하는 것이라 오해하기도 한다. 하지만 그런 것은 극히 예외적이고 한시적

인 성공에 불과하다. 좀 더 장기적이고 항구적인 이익은, 결국 공정한 저울에 달려있다. 상호이익이라는 선순환 구조가 아니라면, 사회엔 긍정적인 영향이 가지 않으며, 개인단위의 거래에도 그러하다. 성경도 속이는 저울이 끼치는 폐해에 대해서 논하고 있다.

> 너는 주머니에 같지 않은 저울추 곧 큰 것과 작은 것을 넣지 말 것이며(신 25:13)

앞서 언급한 성전 정화의 일화에도 이런 공정의 문제가 있다. 해당 예화를 어떤 방향으로 해석하더라도, 당시 성전을 장악한 자들은, 예배자들을 위한 '서비스'를 제공하는 것이 아니라, 자신들의 독점적인 지위를 이용하여, 일방적으로 자신들에게 유리한 조건으로 백성들을 착취했다. 그 과정에서 하나님에 대한 오해가 형성되거나, 사람들이 낙심하는 것쯤은 가벼운 일로 여겼다. 그렇기에 하나님께선 점 있고 흠이 있는 제물을 사람들이 바치는 것보다도, 사회의 소자들을 낙심하게 하는 구조에 분노하셨다(막 9:42; 슥 7:9~14).

거래에 있어서 '공정'이라는 것은, 거래당사자 상호 간의 이익이 최대치가 되는 지점을 찾아가는 과정이다. 좀 더 너른 관점으로 본다면, 그 재화의 생산과정과 거래, 그리고 사용으로 인한 사회적 영향까지 고려해야 한다. 하지만 시장이란 것은, 이 세상이란 것은 녹록지 않다. 속이는 자투성이고, 또 가치를 알아보기도 어렵다. 그렇다면 그 시장에서 어떻게 나를 지키고 또 나의 거래 상대방을 지키는 상호이익(win-win)에 도달할 수 있을까?

가치체계의 정비

더욱 많은 돈이 있으면 좋겠다. 더욱 많은 사람이 있으면 좋겠다. 하지만 그것만으론 부족하다. 가장 중요한 것은 어쩌면 나의 가치체계를 정비하는 것이다. 무엇에 가치를 둘지, 내게 무엇이 진정한 가치가 있는지 알아야 한다. 돈을 아는 것은 결국 우리 마음을 아는 것이다. 또 우리의 사랑을 아는 것이고 또 그것들을 관리하는 것이다.

작은 핀이나 연필로 물물교환을 시작하여, 집이나 차를 획득하는, 사회 실험적 이벤트가 종종 해외토픽에 소개되곤 한다. 2005년 카일 맥도날드의 사례도 이러한 예이다. 그는 붉은색 서류용 클립을 '조금 더 낫고 커다란 것'으로 교환해 보잔 의미에서 온라인 중고 거래 사이트에 올렸다. 이틀 후, 결국 클립을 물고기 모양의 팬으로 교환할 수 있었다. 그 팬은 얼마 안 가서 재미있는 형상이 새겨진 문고리와 교환 할 수 있었다. 이후 에스프레소머신, 캠핑난로, 발전기, 스노모빌, 때론 스포츠 경기 입장권으로 교환해 나갔다. 그렇게 결국 2006년에 소박한 집 한 채를 얻을 수 있었다. 이후 그 집은, 한 레스토랑 경영자에게 팔렸다. 이후 그 자리에 붉은색 서류용 클립을 마스코트 삼은 카페를 열어, 디저트와 향긋한 커피를 제공하고 있다 한다.

카일 맥도날드의 사례 이외에도 비슷한 사례가 여럿 존재한다. 2020년엔 데미 스키퍼라는 샌프란시스코 거주 여성이 일 년 반 만에 귀걸이로 시작하여, 28번의 거래 만에 테네시의 작은 집을 얻었다. 이는 기만이나 속임수가 아니라, 각종 재화의 가치는 상대적이며 주관적이라는 원리의 강렬한 예이다. 각 거래의 과정마다, 사회적으로 교환되는 금전적인 가치는 다소 차이가 있다. 하지만, 그 거래의 당사자에게 있어서 해당 물품이 주는 효용이 일치하지 않기 때문이다. 내게 덜 가치 있는 것이 상대방에겐 더 큰 가치를 지닌다. 상대방에겐 가치가 적은 것이 내겐 때론 유용하다.

이처럼 원원(win-win)하는 근원은 서로가 **다른** 덕분이다. 이처럼 공정으로도 얼마든지 이익을 얻을 수 있으며, 내 목적을 달성하기 위해서 반드시 누군가를 속여야 한다는 생각은 오해에 불과하다. 아니, 실제론 **공정**한 거래여야만 진정 우리 목적을 달성할 수 있다. 우린 성경대로 믿고 성령으로 살아가는 그리스도인이니까.

속이는 저울은 여호와께서 미워하셔도 공평한 추는 그가 기뻐하시느니라(잠언 11:1)

약속하신 부

성경, 돈을 이야기하다

3장

마음 mind

재물이 있는 곳에 마음이 있다

네 보물 있는 그곳에는 네 마음도 있느니라(마 6:21)

우리 성경에 보물로 번역한 *쎄사우로스*(θησαυρός)는 가치 있는 것들을 유의미하고, 유용할 수준으로 모으고 축적해서 이룬 '부' 혹은 '국가의 재정'이란 의미이다. 현대의 돈이란 시스템 덕분에 우리로선 이해하기 좋다. 돈이 제아무리 쓸모가 있다고 한들, 그 양이 적다면 할 수 있는 일이 적다. 우리에게도 익숙한 개념이 있다. 티끌처럼 조각조각 나눠진 돈으론 큰일을 할 수 없기에, 목적을 가지고 모아낸 한 덩이의 커다란 돈을 우린 목돈이라 부른다.

이처럼 마태복음에 기록한 우리 마음이 있는 **보물**은, 우리 목돈과도 같은 의미가 있다. 그렇기에 보물이 있는 곳에 마음도 있다고 하신 예수님의 말씀은 이상스럽거나 특별히 철학적인 이야기로만 와닿진 않을 터다. 오랜 기간 일을 하고 모아서 뜻을 펼칠 수 있을 만한 재산을 이룬 것에 애착을 갖고 마음을 두는 것은 당연한 일이다.

또한 이 축적해서 이룬 부를 보물이라고 한다는 점에서, 돈의 **조건** 하나가 도출된다. 모을 수 있다는 것은, **가치저장**(Store of Value)이 가능하단 말이다. 쉽게 말해서, 맛 좋은 사과는 그 가치를 인정받는 시간이 정해져 있다. 보존의 문제 때문이다. 바로 수확한 사과는 비싼 값에 거래되지만, 상온에 수년간 보관할 순 없다. 따라서 사과는 가치가 있지만 그 가치는 시간에 의하여 점차로 소멸한다. 하지만 그 사과를 당장 필요한 사람들에게 판매한다면, 그 사과의 가치를 돈이라는 형태로 **저장**할 수 있다. 이는 나중에 내가 신선한 사과가 필요할 때, 사과를 구매할 때 활용할 수 있다. 이는 돈의 핵심적인 기능 중 하나다.

하지만 문제가 있다. 그 가치 보존이란 것은 항구적으로 유지되진 않는다는 점이다. 우리가 형성한 이 땅에서의 보물은, 성경의 표현에 따르면, "좀과 동록이나 도둑"으로 대표되는 것들로 인하여 손상되고 그 가치가 휘발된다 (마 6:19). 여기엔 단순한 재난이나 관리상의 문제, 그리고 실제로 사기나 도둑을 당하는 방식으로 재물이 훼손되는 것도 물론 포함된다. 특별히 예수님이 공생애를 보내시던 극심한 혼란기엔 더더욱 그랬다. 그 시기는 나라도 멸망하고 새로운 세력이 웅비하며, 경제가 휘청거리기도 하는 시대였다. 하지만 더욱 광범위하고 피할 수 없는, 오늘날 우리도 경험하는 예를 든다면 인플레이션이 적절하겠다.

KB금융지주 경영연구소에서 발행하는 한국 부자보고서에 따르면, 한국 부자들이 생각하는 부자의 기준 중간값은, 2011년엔 50억 원이었으나, 10년 뒤인 2021년엔 100억 원으로 2배 상승했다. 기준이 오르는 연유는 굉장히 다양하며 복잡하다. 따라서 명확히 지목하기 어렵다. 하지만 앞서 나눈 통화 창출(Money Creation) 과정에서 시장에 풀리는 돈의 양이 증가하는 것과도 관련이 있다. 공교롭게도 2011년, 우리나라 내 통화량(M2, 광의통화)은 1,710조이었다가 2021년엔 3,430조로 약 2배 증가했다.

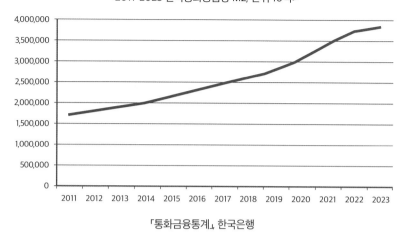

<2011-2023 한국통화공급량 M2, 단위 10억>

「통화금융통계」 한국은행

　돈의 가치에 대한 인식 변화, 그리고 인플레이션의 발생은 여러 다른 요소가 작용하기 때문에 통화공급량만을 신뢰성 있는 척도로 여길 수 없다. 하지만 가치에 대한 인식, 부에 대한 관념, 돈의 효용은, 결국 시간과 상황에 귀속되어 있으며, 그 기준인 것도 결국 주관으로 결정되기도 한다는 점을 확인할 수 있다.

　이처럼 현대 금융시스템은 시중에 존재하는 통화량은 점차로 증가하도록 구성하고 있다. 이를 **통화 팽창**이라고 하는데, 수요공급법칙에 따라서, 우리가 가진 돈도 인플레이션율만큼 그 값어치가 매시기 감소한다. 즉 10년 전의 만원의 가치는 오늘날 만원보다도 비쌌단 것이며, 그 만원을 고스란히 서랍에 보관한 경우, 그만큼 손실을 겪어야 한다. 따라서 비록 예수께선 2천 년 전에 주신 교훈이지만, 현대 금융시장에서도 여전히 통용되는 교훈을 담고 있다.

부의 허망함, 많이 쌓은 재물의 덧없음 등을 다른 종교나 사상에서도 논한다. 다만 그 해결책으로 제시되는 것은 사뭇 다르다. 여타 종교에선 이러한 '애착' 자체를 집착으로 규정하고, 극복해야 할 번뇌라 주장하기도 한다. 그렇다면 오랫동안 뜻을 두고 축적한 것에 대해 마음을 두는 본성을 거슬러 싸워야 할 터이다. 하지만 성경은 그 본성 자체를 죄악시하는 것이 아니라, 보물을 형성하는 **장소**와 그 **방법**을 말한다.

> 오직 너희를 위하여 보물을 하늘에 쌓아 두라 거기는 좀이나 동록이 해하지 못하며 도적이 구멍을 뚫지도 못하고 도적질도 못하느니라(마 6:20)

성경은 보물이나 그것을 쌓는 행위 자체를 부정하고 있지 않다. 이는 쌓는 방식에 관한 이야기이기도 하며, 또 무엇을 보물로 삼을지에 대한 내용이기도 하다. 이를 단순히 종교적인 실천으로 보기엔 좀 아쉽다. 이는 부를 형성하는 것에 대해 실로 다양한 요소를 담고 있다. 마음을 중심으로 부의 형성 과정을 설명한 것이라 해도 과언이 아닌, 아주 의미 있는 구절이다.

우린 모으는 대상물에 가치를 부여한다. 그리고 내가 가치를 부여한 대상에 애착을 갖다가 결국 마음조차 두게 된다. 이는 한편으론 시편 62:10에 기록한 재물에 대한 교훈인, "부가 늘어도 **마음**(לֵב 레브/ 심장, 생각, 의지, 마음)을 두지 말라"라는 교훈을, 결국 우리 삶에 적용하지 못한 결말 같아서 슬프다.

재물에 마음을 두지 말라는, 지면상에선 그저 당연해 보이는 말이, 막상 현실에 적용하기에 쉽지 않다. 내 수고로 쌓은 것들에 마음을 빼앗기고, 우선순위가 뒤틀릴 수 있다는 위험을, 또 시시각각 뒤틀리고 있는 사실을, 너무 늦어서야 깨닫고 돌이킬 수 없음에 괴로워하는 일이 전혀 드물지 않다. 가뜩이나 실수투성이인데, 특히 돈에 관해선 실수도 후회도 많다.

그래서 이 땅에 오신 예수님은. 재물에 치심 하는 우리를 **시작점**으로 삼으셨다(마 6:21). 우리가 재물에 마음을 두는 것을 시작점 삼아서 그 지점부터 하나씩 알려주시는 것만 같다. 이토록 자상하신 주님은 우리에게 익숙한 돈의 이야기로 하나님의 사랑도 설명해 주시고 구원도 설명해 주신다. 마치 우리에게 신앙도 알고 그 과정에서도 돈에 대한 지혜도 습득하여, 이 땅에서 넉넉하게 이겨나가라 위로해 주시고 힘을 주시는 것만 같다.

돈에 관한 성경의 교훈은, 그것을 냉대하고 무시하라는 것이 아니다. 그것을 마치 맘몬의 화신이나, 어떤 더러운 영적 존재의 현신이라 과도한 의미를 부여하라는 것도 아니다. 성경은 대신, 돈을 그저 쌓아 두지만 말고, 아주 현명하게 제대로 활용하라 권한다. 관리하라 말한다. 다스리라 권면한다. 마치 에덴동산에서 하나님을 마주한 아담에게 주신 사명과도 같다.

하나님이 그들에게 복을 주시며 그들에게 이르시되 생육하고 번성하여 땅에 충만하라, 땅을 정복하라, 바다의 고기와 공중의 새와 땅에 움직이는 모든 생물을 다스리라 하시니라(창 1:28)

바다의 고기와 공중의 새 그리고 땅에 움직이는 모든 생물로 대표되는 다스리는 대상들은, 공교롭게도 사람들이 숭배하는 우상의 주된 소재였다. 이런 견지에서 우상숭배를 살피면, 하나님이 정해주신 질서, 그러니까 우리가 다스릴 대상에 과도한 의미를 부여하여 '섬기는 행위'라 할 수 있다. 이 원리는 재물과 돈에도 고스란히 적용되는 점이 흥미롭다. 그렇다면 통상 돈이 우리 삶이 주인이 되어 우상이 될까 두려워하는 것은, 자연의 요소요소에도 마찬가지로 적용될 터이다.

누가 맘몬을 신으로 만들었는가?

> 한 사람이 두 주인을 섬기지 못할 것이니 혹 이를 미워하며 저를 사랑하거나 혹 이를 중히 여기며 저를 경히 여김이라 너희가 하나님과 재물(맘몬)을 겸하여 섬기지 못하느니라(마 6:24; 눅 16:13)

작금엔 맘몬을 마치 성경이 공인한 '신'으로 대한다. 이는 예수께서 마태복음과 누가복음에서 직접 언급하셨기 때문이다. 해당 구절에서 우리 성경에서 '재물'로 번역한 단어의 원어는 **맘몬**($\mu\alpha\mu\omega\nu\tilde{\alpha}\varsigma$ 맘모나스/ 재물, 부)이다. 이 '맘몬'은 마태복음과 누가복음에 4번 언급한 것이 전부이다. 이 구절이 실로 의미심장한 것은, 당시에 '맘몬'이란 이방 신이 존재했단 근거가 없기 때문이다.

맘몬이 일종의 신격으로 구체화한 것은 4세기로부터 중세 시대 기간이었다. 4세기의 유명한 신학자 그레고리는 맘몬의 기원을 찾았으나, 직접적인 근거를 찾을 수 없었다. 결국 그가 지목한 것은, 중동에서 부와 관련된 신으로 이해하던 바알세불이었다. 그는 맘몬을 바알세불의 다른 이름이라 주장한다. 일부 학자는 시리아어에서 우상을 뜻하는 단어에서 유래했다 보기도 했다. 하지만 그런 언어적 유사성이 반드시 맘몬이란 우상이 존재했다는 근거가 되긴 어렵다. 게다가 그런 신이 예수님 당시 그 지역에 존재했단 흔적이 없다.

따라서 일반적으로 '맘몬'이란 신의 기원을 예수께서 말씀하신 구절에서 찾는다. 이에 따르면, 후대 사람들이 그 구절을 해석하고 이해하는 과정에서 구체화한 신이다. 따라서, 당대에 예수님의 말씀을 듣던 사람 처지에서, 예수께서 언급하신 '맘몬'은, 그야말로 보도듣도 못한 신이었다는 말이 된다.

사정이 이렇다면, 하나의 문제가 발생한다. 만약 맘몬이 기존에 존재하는 신적 존재로 믿던 대상이거나 혹 우상이라면, 예수께서 그 존재를 언급하신 다고 하더라도, 그 존재 자체를 긍정하시는 의미가 아니게 된다. 가령 예수께서, 당대 종교 지도자들의 발언을 인용하시며 언급하신, 바알세불은, 그 자체로 바알세불의 영적 실존성을 긍정하시는 의미가 아니다. 이는 어디까지나 당시 사람들의 인식 상의 존재에 대해서 언급하신 것에 불과하다. 이는 그들에게 가르침을 주시기 위함이다.

하지만, 사람들이 인식하지 않은, 어떤 신적 존재를 묘사하신 것이라면, 그 자체로도 예수께서 하나님 이외에 다른 신적 존재를 인정하신 게 된다. 하지만 이런 해석은 신명기부터 명확히 계시한, 하나님만이 유일한 하나님이시라는 말씀에 위배된다.

이것을 네게 나타내심은 여호와는 하나님이시요 그 외에는 다른 신이 없음을 네게 알게 하려 하심이니라(신 4:35)

나는 여호와라 나 외에 다른 이가 없나니 나밖에 신이 없느니라 너는 나를 알지 못하였을찌라도 나는 네 띠를 동일 것이요(사 45:5)

그렇다면, 마태복음과 누가복음이 기록한 예수님의 말씀을 어떻게 이해하여야 할까? 당시 **맘몬**은, 그저 **부**(rich, wealth)나 **보물**(treasure)을 뜻하는 단어였다. 즉, 예수께선, 청중이 부와 보물로 여기던 것에 관해 이야기하시기 위해서, '부'(맘몬)를 의인화하셨을 뿐이다. 이 "의인화"는 어떤 맥락에서 필요했는가?

당시 종교 지도자들은, 자기들은 율법을 대부분 지켰기에, 조금만 더 노력하면 **자력**으로 구원을 얻을 수 있다고 믿었다. 신학적으로는 **행위 구원**이라고 하는 접근을 반박하는 내용이 서신서에 무수히 자리를 잡은 것은, 이런 상황에 기인한다.

반면, 당시 소외 계층들은, 제아무리 율법을 지키려 해도, 단순한 것조차 지킬 수 없었다. 율법 그 자체도 사람이 다 지킬 수 없었지만, 특별히 종교 지도자들이 덕지덕지 사족을 붙여서 비대해진 율법을, 사회의 상당한 기득권이 아니고서야 지킬 엄두조차 낼 수 없었다. 이는 누가복음 6:1~5에 기록한 밀밭 사건에도 잘 묘사되어 있다.

어느 안식일, 예수께서 밀밭 사이로 지나가셨다. 이스라엘은 율법에 따라서, 밭에 떨어진 낟알을 줍지 않거나, 외곽 이삭은 가난한 자들과 굶주린 사람들을 위해 남겨두었다(레위기 23:22). 시장했던 제자들은, 이삭을 주워서(우리 성경에는 잘라서) 먹었다. 이를 본 바리새인들은, 이는 **노동**에 해당한다며, 안식일을 범했다 책망했다. 이에 예수께선 다윗이 제사장 외엔 먹지 못하는 진설 병을 먹고 또 자기 부하들에게도 준 일을 언급하시며, 인자가 안식일을 위해서 있는 것이 아니라, 안식일이 인자를 위해서 있다며, 율법의 진정한 취지가 무엇인지 역설하셨다.

이런 교훈은 당대에 꼭 필요했다. 그 사회는, 율법의 정신을 잊고 율법 그 자체가 주가 되어버리는 바람에 많은 부작용을 낳았다. 본디 하나님의 말씀은, 우리 사회에, 또 우리 안에 들어와, 우리를 항상 기뻐하고, 쉬지 않고 기도하고, 범사에 감사할 수 있도록 한다(살전 5:16~18).

밀밭에 떨어진 낟알을 주워 먹는 것은, 소외된 가난한 자들을 위함이었다. 종교 지도자쯤 된 사람들의 경우는, 안식일이건, 평일이건, 아예 그런 행동을 할 필요가 없다. 그들이 혹 안식일에 시장 감을 느낀다면, 그저 미리 값을 치르고 구해둔 뷔페식 음식을 먹으면 그만이었다. 하지만 가난하여 하루 벌어 하루 먹는 사람들은, 당장 안식일엔 일을 할 수도 없었을뿐더러, 넉넉하게 집에 식재료를 보관할 수 있을 리 만무했다. 아니, 집이라도 있으면 사정이 나았을 터이다. 종교 지도자들은, 그런 입장 차이는 전혀 고려하지 않고, 자신들이 율법을 해석한 방향을 타인에게 강요하여, 안식일에 주린 배를 채우지도 못하게 막아섰다. 당시 사회가 어떠하였을지 엿볼 수 있는 대목이다.

누가복음의 편집자는, 6:6~11에서 "또 다른 안식일"에 오른손 마른 사람을 회당에서 고치신 사건을 연이어 소개하며, 이러한 주제 의식을 더욱 강화한다. 안식일에 회당에서 하나님 말씀을 가르치시던 예수께선, 오른손이 마른(withered) 신체적 장애가 있는 사람을 보셨다. 이는 '고치는 행위'를 안식일을 어기는 것으로 해석한, 종교 지도자들에게 교훈을 주시기 위함이었다. 아니나 다를까, 당시 종교 지도자들은 안식일에 사람을 고치시나 트집을 잡기 위해 보고 있었다. 예수께선 수군거리는 그들에게 말씀하신다. "안식일에 선을 행하는 것과 악을 행하는 것, 생명을 구하는 것과 죽이는 것, 어느 것이 옳으냐"(9절). 그리고 그 사람을 고치셨다.

> 나는 인애를 원하고 제사를 원치 아니하며 번제보다 하나님을 아는 것을 원하노라(호 6:6)
> 나의 기뻐하는 금식은 흉악의 결박을 풀어 주며 멍에의 줄을 끌러주며 압제 당하는 자를 자유케 하며 모든 멍에를 꺾는 것이 아니겠느냐(사 58:6)

누가가 묘사한 이런 당시 시대상의 맥락을 외면하고는 누가복음 16장 말씀을 온전히 이해할 수 없다. 맘몬을 의인화하신 가르침을 주시기 직전, 예수께선 이 책 앞선 장에서 자세히 살폈던 불의한 청지기 예화를 말씀하셨다. 이를 들었던 청중과 제자 중엔, 바리새인들이 있었고, 그들은 돈을 좋아하는 고로 예수님의 예화와 말씀을 듣고 비웃었다(눅 16:14).

이런 반응을 예상이라도 하셨던 듯, 예수께선, "불의한 청지기"처럼 부(맘몬)를 활용하여 친구를 사귈 기회를 사는 것이 아니라, 그 부(맘몬)를 마치 가상의 우상처럼 섬기는 자들의 태도를 꼬집으셨다. 이는, 자신들은, 율법을 소유하고 또 거의 전부 실천해서, 자력으로 결국 구원을 받고 하나님의 사랑을 받을 수 있다고 자긍하던 종교 지도자들에 대한 정문일침과 같았다. 왜냐하면, 하나님 이외에 다른 존재를 신으로 섬기며, 우상숭배 하는 것이야말로 율법에서도 손꼽히는 중죄이자 죽을 죄였기 때문이다.

이는 하나님이 판단하시는 기준에 대한 것이다. 율법에 대한 해석은, 우리가 마음대로 낼 수 있는 것 같지만, 재판관은 오직 하나님뿐이시다(약 4:12). 따라서 율법을 판단하는 법정에서 결국 유일하게 의미가 있는 것은, 오로지 하나님의 판단밖에 없다. 예수께선 이런 식으로 말씀하신 것이다.

"너희들이 율법을 다 지키고 자력으로 구원도 얻을 수 있다고 생각하느냐? 정령 너희가 천국행에 가장 앞서 있다고 생각하느냐? 하지만 하나님의 기준에서 보니, 너희들은, 이방인들조차 하지 않는 부(맘몬)를 마치 '우상'처럼 섬기고 있다. 그러면서도 너희들의 영적 사정이 너희가 죄인으로 규정한 이방인이나 소외된 자들보다 더 낫다고 생각하느냐?"

그러나 먼저 된 자로서 나중 되고 나중 된 자로서 먼저 될 자가 많으니라 (마 19:30; 막 10:31)
이와 같이 나중 된 자로서 먼저 되고 먼저 된 자로서 나중 되리라(마 20:16)
보라 나중 된 자로서 먼저 될 자도 있고 먼저 된 자로서 나중 될 자도 있느니라 하시더라(눅 13:30)

이런 당대 율법을 해석하는 자들의 기준과 하나님의 기준 사이의 이격은, 마태복음 5:17~48에 잘 묘사되어 있다. 이를 종합해서 보면, 예수님이 주시는 메시지는 일관적이다. 당대 율법 좀 지켜서 가장 앞서 있다고 생각하던 사람들은, 실상 전혀 앞선 것도 없으며, 오히려 부와 돈에 대한 태도로 인해, 가장 뒤처진 자들이다.

맘몬은 신이거나 우상이 아니다. 만약에 맘몬이 무슨 신적 존재였다면, 같은 장에 기록한, 누가복음 16:9과 11절의 말씀이 매우 이상해진다. 하나님 이외의 다른 신을 활용해서 친구를 사귀라 하시고, 또 맘몬에게 충성하란 말씀을 하신 것이 되기 때문이다.

> 내가 너희에게 말하노니 불의의 재물(맘몬)로 친구를 사귀라 그리하면
> 없어질 때에 저희가 영원한 처소로 너희를 영접하리라(눅 16:9)
> 너희가 만일 불의한 재물(맘몬)에 충성치 아니하면 누가 참된 것으로 너
> 희에게 맡기겠느냐(눅 16:11)

따라서 이는 앞서 언급하신 불의한 청지기 비유에서처럼 돈을 우상화하여 섬기거나 의지하지 말고, 도리어 지혜롭게 '활용'하란 교훈의 연장선으로 해석하는 것이 타당하다.

하지만 실로 애석하게도, 중세를 거치며 우리는, 맘몬을 신격화하고, 또 돈에 대해서 상고하고 활용하는 것을 기피하고 있다. 기왕에 맘몬이란 신이 존재한다고 하니, 그저 돈을 관리하는 것을 영적 싸움으로 치부하기까지 한다.

하지만 돈을 다루는 것이 오직 영적인 영역에 속한 것이라면, 8절에 불의한 청지기가 돈에 관하여 지혜롭게 행동한 것을 긍정하시며 덧붙이신 말씀이 의미를 잃는다.

> 이 세대의 아들들이 자기 시대에 있어서는 빛의 아들들보다 더 지혜로움이니라
> for the sons of this age are more shrewd(상황 판단이 훨씬 더 빠르다)
> in relation to their own kind than the sons of light(눅 16:8b NASB)

이는 세상 사람들이, 돈으로 대표되는 이 세상 것엔, 하나님의 자녀들보다도 지혜로운 때도 있다는 말이다. 만약 돈을 대하는 것이 온전히 영적인 접근이라면, 어째서 세상 사람들이 더 지혜롭단 평가를 받는가? 그리고 주님께선 돈을 다루는 것에 한정하여선 세상 자녀들에게서도 교훈을 얻으라 권면하신다. 이는 잠언의 기자가 개미의 삶을 통해서도 지혜를 얻으라 권한 것과도 그 궤를 같이 한다(잠6:6). 종합하자면, 영적인 부분에서 뛰어난 '빛의 아들'들조차, 돈에 관해선 세상 사람들에게 배울 것이 있단 뜻이다.

이처럼 돈이나 부는, 신도 뭣도 아니다. 도구이다. 마치 가스레인지와도 같은 도구다. 잘못 다뤄서 손이 데는 것이 두려워 그저 외면만 한다면, 꼭 가스레인지를 사용해야 할 때 도리어 큰 해를 당할 터다. 돈으로 인해서 오는 온갖 해는, 우리가 돈을 무시하고 또 모를 때 발생한다. 더욱이 성경이 말하는 바를 넘어, 그것을 과도하게 "신성시"하는 것도 우리가 당면한 '돈' 문제 해결엔 도움이 되지 않는다.

마음 지키기

포학을 의지하지 말며 탈취한 것으로 허망하여지지 말며 재물이 늘어도
거기 치심치(마음을 두지) 말찌어다(시 62:10)
자기의 마음을 제어하지 아니하는 자는 성읍이 무너지고 성벽이 없는 것
같으니라(잠 25:28)

현대 시장경제에서 자원과 재화는 돈으로 환산할 수 있다. 노동도 마찬가
지다. 우리의 시간을 때론 돈으로 측정하기도 한다. 그것은 거래의 편의를 위
함이다. 각 재화에 적정한 시장가를 부여하면, 그것을 교환하고 활용함에 있
어서 매우 큰 도움이 된다. 이러한 돈의 기능을 **가치척도**(Measure of Value)
라고 한다.

돈의 가치척도 기능 덕분에 원활한 거래가 가능하다. 돈이 없는 상태로 사
과 과수원을 소유한 농부가 트랙터를 사려고 한다고 생각해 보자. 그 거래가
성사되기 위해서 사과 몇 kg을 트랙터의 반대급부로 제공하면 될까? 트랙터
생산자가 그런 엄청난 양의 사과가 필요하긴 할까? 보관은 어떻게 하는가?
사과를 두어 박스 당장 필요로 할 순 있어도, 신형 트랙터를 구매할 만큼 많
은 사과를 필요할 확률은 희박하다. 이처럼 사과는 가치저장 능력이 돈에 비
해서 심각하게 떨어진다.

이 가치척도의 기능은 아주 유용하지만, 이를 오해하면 참으로 유감스러
운 일이 발생한다. 때로 우린 기능적인 연유로 사회 요소요소에 가격표를 붙

이다가, 결국 그 단순히 가격을 매기는 행위에 경도 되곤 한다. 그 편리함과 다양한 기능에 속아서 때론 돈이 판단의 **기준**이 되곤 한다. 어떻게 살더라도 돈만 모이면 된다는 식으로, 모인 재물을 어떤 절대적인 척도로 여긴다. 온갖 악을 저지르고도 결과적으로 내 통장 잔고가 늘어나면 그것이 선이라, 혹은 지혜라 여기는 경우를 우린 드물지 않게 볼 수 있다. 반대로 가난해지는 것을 저주라며, 하나님이 버리신 결과로 여기기도 한다.

하지만 그렇지 않다. 결단코 그렇지 않다. 현대 사회는 돈을 그런 식으로 배분하지 않는다. 오히려 돈이 모여가는 과정의 태반은 가치중립적이다. 재물이 모인 정도가 곧바로 도덕성이나 신앙과 연결되지도 않는다. 그랬다면 예수께선 세상에서 제일가는 거부로 오셨을 터이다. 하지만 당신의 사역이 사회 밑바닥에 있는 사람들부터 시작하여, 그 위에 군림하는 그 모두를 만나러 오셨기에, 그분은 말구유에 누우셨다.

돈은 우리가 관리해야 할 대상이다. 그 이상의 의미를 부여하면, 큰 문제가 파생된다. 왜냐하면 재물이나 돈은, 사람의 마음을 흔든다. 공교롭게도 우리가 가치를 부여한 '보물'은 그 자체로 우리의 마음을 흔든다. 분명 가치를 부여하고, 온갖 노동으로 '보물'로 만든 것은 우리 마음인데, 어느덧 그 마음이라는 매개체가 우리의 주인 노릇을 하기 시작한다.

하지만 재물에 마음이 가는 것은 당연하다. 성경은 그런 생리 자체를 부정하지 않는다. 오히려 내가 가치를 부여하고 모아둔 '보물'에 마음이 가는 것을 우리의 성품으로 인정하고 그것을 성화 과정의 시작점으로 삼는다.

성경 이외에도 여타 종교에서 또는 마음 건강을 위한 코칭에서도, 돈 그 자체에 마음을 뺏기는 것을 경계한다. 때론 돈의 효용을 거부하고 외면하기도 한다. 아예 죄악시하여 만악의 근원인 양 치부하곤 한다. 그에 따르면 그저 돈이 필요하다는 그 사실을 부정하면 된다. 돈을 악으로 규정한다면 기왕에 모든 돈을 버리고 속세를 떠나는 것도 한 가지 방법이다. 하지만 성경이 돈을 다루는 태도는 무엇인가?

소가 없으면 구유는 깨끗하려니와 소의 힘으로 얻는 것이 많으니라(잠 14:4)

성경은 돈으로 인하여 파생되는 각종 문제에 대해서 경고함과 동시에, 그것을 활용하고 사용할 지혜도 마련해준다.

돈을 사랑함이 일만 악의 뿌리가 되나니 이것을 사모하는 자들이 미혹을 받아 믿음에서 떠나 많은 근심으로써 자기를 찔렀도다(딤전 6:10)

특별히 바울이 디모데에게 보낸 서신엔 돈에 대한 사랑(the love of money)을 핵심적 문제로 지목했다. 특히 이 서신에선, 이를 **필라르구리아**(φιλαργυρία)라는 한 단어로 표현한 것이 인상 깊다. 즉, '돈'이나 '사랑'이 아니라, **'돈에 대한 사랑'**이 문제인 것을 명확하게 한다. 돈 그 자체로도, 사랑 그 자체로도 아무런 문제가 안 된다. 다만 둘이 만났을 땐, 더 없이 파괴적인 귀결이 기다리고 있다. 이는 마치 욕실의 청결을 위해서 사용하는 락스 계열 세제와 암모니아 계열 세제와 같다. 둘 다 무척 세정력이 좋고 효과적으로 살

균소독이 되므로 우리에게 많은 유익을 준다. 하지만 그 둘을 섞게 되면 인체에 아주 유독한 가스가 발생한다. 하여 법적으로 해당 세제가 담긴 용기 겉면엔 서로를 섞지 말라는 경고를 명시하도록 한다. 바울은 말하고 있다.

> "디모데 나의 형제여, 돈도 유용하고, 사랑도 그러지만, 그 둘은 결코 섞어선 아니 되는 것을 늘 명심하도록 하시오."

그렇다면 성경대로 믿는 그리스도인들은, 돈을 활용하면서도 사랑하진 않은 경지에 이르러야 한다는 말이 된다. 하지만 이는 심히 고되고 어렵다. 돈은 인간사회에서 다재다능하다. 그런 돈을 사랑하지 않고 배길 수 있을까? 차라리 보지 않으려 도망하고 돈 같은 것은 없는 무인도에 지내라 하셨더라면, 우리가 돈에 대해서 이토록 고민할 이유도 없었을 터이다. 차라리 돈 자체를 악으로 규정하고 없애라 하셨다면 쉬웠을 터다. 다이어트를 결심했는데, 눈앞에 좋아하는 온갖 음식이 있는 것만 같다.

하지만 창세기에 기록한 인간이 최초로 받았던 사명 중 하나가, 자연과 재화를 **관리**하는 것이다 (창 1:22). 이런 사명은 예수님이 우리 그리스도인을 빈번이 청지기(고용주를 위해 집안 살림과 자산을 맡아서 관리하는 종)에 비유하심으로 상기할 수 있다.

이 '관리'가 우리 그리스도인의 기본적인 사명에 해당한다면, 그리스도인에게 있어서도 돈은 중요한 요소가 된다. 돈의 기능과 속성을 고려하면, 돈은 각종 자원과 물자를 '관리'하는 도구로 단연코 가장 빼어난 인류의 발명품이기 때문이다. 만약 사회의 요소요소가 하나님의 도우심으로 발명된 것이라 한다면, 이 돈도 사회가 고도화되고 그 규모가 확장되어 '관리'에 어려움이 따르는 우리를 위해서 하나님이 마련해주신 '도구'라 할 수 있다. 그렇다면 우리가 추구해야 하는 구유는, 소가 없어서 깨끗한 구유가 아니라, 소가 건강하고 청결하게 지낼 수 있는 구유이다.

자, 우리에게 돈이란 아주 힘센 소가 주어졌다. 그 소를 활용해서 우린 많은 일을 해야 한다. 주님의 청지기가 되어서 크고 놀라운 일들을 이룰 참이다. 하지만, 그 소가 아무리 매력적이라 할지라도, 사랑에 빠져 숭배의 대상으로 여기지 않기를….

매몰

재물, 특히 돈과 관련해서 우린 가치에 대해서 나눴다. 돈에는 내재한 고유의 가치가 없으며, 오로지 우리가 **믿음**으로 대표되는 심상 활동을 통해서 가치를 부여한다. 그리고 그 결과 그 자체엔 우리의 마음이 담긴다. 또한 여러 상당한 효익을 주기에, 그 자체가 무슨 만능의 힘을 지닌 것으로 오인되기도 한다. 그래서 우린 돈을 좋아할 뿐만 아니라 심지어 모든 것보다 가장 중요하게 여기기도 한다. 이에 대한 방증 중 하나는 **매몰 비용**(Sunk Cost)을 대할 때 흔히 발생하는 오류이다.

앞서 예시를 들었던 무분별 씨를 살펴보자. 그에겐 1억의 돈이 있었다. 하지만 그는 그것을 도박과 향락에 모두 탕진했다고 나눈 바 있다. 우리 제삼자의 측면에서 보았을 때 그의 소비 방식은, 그가 가진 재원을 전혀 가치 없게 만든 예시다. 다시 말해, 우리가 보기에 무분별 씨는 돈 귀한 줄 모르는 것만 같다. 하지만 무분별 씨가 과연 돈이 귀한 줄 몰라서 도박에 탕진한 걸까? 아니면 혹시 무분별 씨는 돈을 싫어하기라도 하는 걸까?

그는 뜻하지 않은 목돈이 생겼기에 기쁜 마음을 가지고 라스베이거스로 향했다. 화려하기 그지없는 도시는 형형색색의 전광판으로 빛나고 있다. 그야말로 어두운 사막 가운데 형성된 별 무리와 같다. 무분별 씨는 그런 분위기에 한껏 도취하여, 마치 1억이란 만만찮게 큰돈이 이 시기 자신에게 생긴 것, 그리고 그것을 밑천 삼아 제대로 된 카지노에서 불리겠다는 멋들어진 생각이 든 것은 모두 어떤 계시란 착각마저 들었다. 로비에서부터 고급스럽고 화려한 인테리어와 곳곳에 수 놓인 고풍스러운 장식들이 그를 맞이했다. 화려하기 그지없는 복도를 지나자, 그의 인생을 밝게 빛나는 별로 만들어 줄 무대에 당도하게 된다. 그곳엔 유쾌한 음악이 흘러나오고 있었고, 사람들은 저마다의 표정을 하곤 저마다 게임에 열중하고 있었다. 룰렛, 슬롯머신, 카드, 주사위 등 다양한 게임이 있듯, 그곳에 넘실거리는 감정은 모두 달랐다. 일부는 승리의 환호를 내뱉고, 몇몇은 잔뜩 상기된 얼굴을 하곤 식은땀을 훔쳐냈으며, 몇은 승자들 곁에서 구경하며 콩고물이라도 떨어질까 기대하는 눈치였다. 하나 두둑한 판돈에 예감까지 좋은 무분별 씨의 눈에는 잔뜩 칩을 앞에 쌓아 두고 의기양양한 '승자'들만 보였다. 그에게 이곳은 그저 기회의 땅으로 여겨졌다.

무분별 씨는 평소 자신 있던 주사위 게임 테이블에 자리했다. 정중하게 맞이하는 딜러와, 기분 좋게 시원한 음료를 건네는 홀 직원의 친절에 마음이 더욱 들떴다. 운을 산다는 심정으로 큰 액수의 팁을 건넸다. 팁을 받아 든 홀 직원의 얼굴에도 환한 웃음이 핀다. 돈으로 바꾼 칩을 테이블에 올려놓고 승부에 돌입했다. 따고 잃고 공방전이 오갔다. 무분별 씨는 게임의 "흐름"을 읽으려 했다. 물론 그런 생각이 통계학적으로 말이 안 되는 것임을 무분별 씨도 알고 있다. 하지만 큰돈이 오가는 이 상황에서 무엇이라도 의지할 것이 있다면 바로 그의 감뿐이다.

그 흐름을 파악하는 과정에 크게 잃는 것도 없고 크게 얻는 것도 없었으나, 무분별 씨 앞에 쌓인 판돈은 아무도 모르게 점차로 줄었다. 무분별 씨는 이에 개의치 않았다. 여전히 예감은 좋았고 승부처를 찾는 탐색전을 위한 "투자"라고 생각했기 때문이다. 그런 무분별 씨에게 이따금 기회가 찾아왔고 그때마다 평소보다 큰돈을 걸었다. 이 또한 크게 따기도 하고 잃기도 했다. 그러고 나니 어느덧 무분별 씨의 칩은 절반으로 줄어들었다. 이제 좋았던 감과는 다르게 이 게임이 흘러간다는 것을 무분별 씨도 알았다. 하지만 좀처럼 그는 자리를 뜨지 못했다. 잃어버린 5천만 원이 눈에 아른거렸다. 본전 생각이 간절했다. 그의 뇌는 곧바로 합리화를 시작한다. 이대로 일어난다면 5천만 원은 그저 바보처럼 날린 게 된다. 하지만 계속 게임을 진행한다면 그 5천만 원은 대박을 위한 "투자"가 된다. 그는 다만 이렇게 생각하며 자신의 마음을 다잡았다. 하지만 그의 분전이 무색하게도 무분별 씨는, 결국 대부분의 돈을 잃고 만다. 운을 잡아 별이 되고자 했던 그의 바람은 결국 이뤄지지 못한 것이다.

무분별 씨의 사례를 논하며 그를 그냥 미련한 사람으로 매도하면 이야기가 쉽다. 하지만 그렇다면 우리가 얻어야 할 교훈을 얻지 못한다. 그의 행동과 사고에 잘못된 부분을 지적하자면 한도 끝도 없이 할 수 있겠지만, 우린 여기서 특별히 매몰에 관해서 이야기해 보기로 하자.

그가 가진 돈의 절반인, 5천만 원이 남았을 때 보인 사고패턴은 매몰 비용을 설명하기 위해서 아주 효과적인 사례이다. 그때라도 그가 자리를 털고 일어났더라면 5천만 원은 온전할 수 있었다. 물론 잃어버린 돈은 뼈아프지만. 그 시점에서 그가 도박을 계속 진행한다는 선택은, 잃어버린 5천만 원에 어떤 의미를 부여하지 않는다. 그가 행하는 도박은 **독립시행**(앞선 주사위 굴림의 결과가 이후 주사위 눈 값에 영향을 주지 못함)이기 때문에, 그가 얼마를 잃었건, 얼마나 게임을 진행했건, 바로 그다음, 그리고 그 이후에 진행할 게임에 어떠한 영향을 주지 못한다. 비록 챙겨온 돈의 절반밖에 되지 않지만, 5천만 원은 충분히 큰 목돈이다. 누군가에겐 창업자금, 누군가에겐 차를 구매할 수 있는 돈이다. 또 누군가에겐 학비가 될 수도 있었다. 이점을 무분별 씨도 실상 모르고 있지 않다. 그렇다면 왜 무분별 씨는 포기하지 못했을까?

그것은 우리의 보물이 있는 곳에 그 마음도 있기 때문이다(마 6:21). 무분별 씨에게 있어서 돈은 매우 귀중하다. 그리고 그 돈을 불리기 위해서 카지노란 선택을 했다. 그 과정 중에서 무분별 씨는 돈만 베팅한 것이 아니라, 그곳에 자신의 마음도 함께 얹었다. 그러하니 이미 잃은 5천만 원엔 마음이 담겨 맴돌고 있었다.

그가 도박사의 오류라고 하는 통계적 착각을 하였건, 혹 카지노가 늘 이긴다는 도박의 확률(큰 수의 법칙)을 무시한 것은 사실 큰 문제가 아니다. 그건 그저 그가 애써 모든 불길한 요소를 무시하고 좁아진 시야로 도박에 임한 어떤 이유의 결과일 뿐이다.

그가 돈에 가치를 두고 사랑한 만큼, 그의 내면의 돈이 거대해졌고, 그가 잃은 5천만 원의 아픔이 크게 다가왔다. 그는 도중에 도박을 그만두지 못했다. 그는 '도박'을 포기하지 못한 게 아니다. 실제론, 잃은 5천만 원이라는 '매몰 비용'을 포기하지 못한 것이다. 즉, 도박을 포기하는 순간, 5천만 원을 잃었다는 사실을 인정하게 되기 때문에, 도박을 계속 진행했다. 이쯤 되면 일확천금은 그에게 더 문제가 되지 않는다. 다만, 게임 내내 그가 가졌던 5천만 원이 눈에 아른거릴 뿐이다. 도박장에선 '본전' 생각이 제일 무섭다고 하지 않던가?

이는 비단 무분별 씨와 같은 성향의 사람에게만 적용되는 원리가 아니다. 실상 다수의 우리는 이러한 매몰 비용에 대한 미련을 버리지 못하고 있다. 가령 한 사업체가 있다고 하자. 그 사업체는 그 사업주가 1년간 많은 재원을 할애해서 가꾼 것이다. 하지만 연일 적자를 기록한다. 그렇지만 섣부르게 그 사업체를 닫을 수 없다. 왜냐하면 A씨는 그 사업주는 사업체에 투자하고 또 시간을 할애하면서, 마음도 함께 두었기 때문이다.

그 사업을 존속 여부를 결정할 때 고려할 것은, 그의 과거, 그러니까 그간 투입한 돈과 그의 시간이나 정성이 전혀 아니다. 그것들을 **매몰 비용**(sunk cost)이라 한다. 이미 발생하여 돌이킬 수 없는 비용을 말한다. 따라서 이후

사업 지속을 결정하기 위해서 오직 지금, 그리고 그 다음 날, 이 사업을 지속함으로 얻을 효익만을 고려해야 한다.

우리는 과거를 돌이킬 수 없음을 안다. 과거에 두고 온 것들을 되찾을 수 없다는 것을 안다. 그런데도 왜 과거로 사라진 것들에 대한 후회, 그리고 특별히 돈에 대해선 더욱 그 미련을 버리지 못하는 것일까?

우리 마음엔 면밀하게 시간을 인지할 능력이 없다 한다. 우리가 때로 과거 일을 회상할 때 우린 그것을 과거 일임을 필사적으로 상기하지만, 우리의 뇌, 우리의 마음은, 그것을 통해서 느꼈던 감정을 마치 지금 발생하고 있는 일인 양 경험한다. 다시 말해 그것이 현재 진행형인지 과거인지 구분하지 않는다는 것이다. 우리는 돈에 마음을 뒀다. 우리의 보물에 마음이 있다. 그 결과 그것이 과거에 있건, 그것에 손을 뻗어 만질 수 있건, 그것이 하늘에 있건 땅에 있건 상관이 없다.

여기 단적인 예가 있다. 학자들은 소비함으로 얻는 행복도를 조사했다. 그리고 흥미로운 사실을 발견한다. 쇼핑에서 구매자의 행복도는 현금으로 지불하느냐, 신용카드로 지불하느냐에 따라서 요동친다는 사실이었다. 신용카드로 구매한 쪽이 유의미하게 높은 행복도를 느꼈다. 현금을 지불하여 구매한 대상은 어떤 아픔마저 느끼는 듯이 말이다. 그 결과 신용카드로 구매하나 현금으로 구매하나 같은 조건임에도 불구하고, 내 눈앞에서 돈을 포기하는 장면이 우리의 행복도를 감소시킨다. 어쩌면 그만큼 우린 돈을 사랑한다. 사용할 때 아픔을 느낄 정도로.

그렇다면 돈에서부터 마음을 지키는 첫걸음은 우리가 돈을 무척 사랑한다는 것을 인정함으로 시작된다.

돈을 사랑하는 자는 돈으로 행복할 수 없다

우리가 돈을 사랑하는 상태에 처해있다면 한 가지 나쁜 소식이 있다. 이번엔 그 나쁜 소식에 대해서 나누면서, 돈을 활용하기 위해선 돈을 사랑하는 상태에서 벗어나야 한다는 원리를 상고해 보자.

> 은을 사랑하는 자는 은으로 만족함이 없고 풍부를 사랑하는 자는 소득으로 만족함이 없나니 이것도 헛되도다(전 5:10)

전도서를 집필한 솔로몬은 아주 많은 부를 가져본 자이다. 하지만 단순히 그가 큰 부자였고, 많은 사치를 경험해 봤다는 사실이 그가 쓴 전도서를 빛나게 하지 않는다. 그의 글귀가 뜻깊은 이유는, 그는 아주 분명한 문제의식을 느낀 부자였다는 점이다. 그런 그가 돈에 관해서 또 인생에 관해서 아주 기묘한 사실을 발견했다. 바로 재물을 사랑하는 사람은 재물에 만족하지 못한다는 점이다.

이는 큰 역설이다. 사랑을 하는데 왜 만족이 없을까? 통상 내가 사랑하는 것이 내 곁에 있을 때 만족을 얻는다. 그리고 통상 내가 사랑하지 않는 것이 내 곁에 있을 땐 어떤 만족을 느낄 수 없다. 가령 다람쥐가 아주 많은 도토리를 보관하고 있다 하자. 그것은 다람쥐에게 든든함과 정서적 안정을 줄 것이다. 실제로 다람쥐가 은닉처에 모아둔 도토리가 어떤 이유에서 사라진다면 다람쥐는 큰 스트레스를 받고 불안감에 시달린다고 한다. 하지만 도토리를 식량으로 삼지 못하는 송골매에게 있어서 많이 쌓인 도토리 같은 건 아무런 만족감도 주지 못할 것이다.

만약 다람쥐가 도토리를 인간이 '돈을 사랑하는' 수준으로 사랑한다면 어떨까? 도토리를 먹으며 누리는 행복보다, 그것을 쌓아 두는 행위 자체에 기쁨을 느낀다면, 도토리를 식량 삼아 먹는 것에 커다란 스트레스를 받을 것이다. 따라서 도토리를 너무나 사랑하기에, 도토리의 원 목적인, 식량이 되어 다람쥐에게 영양분을 공급하는 효익을 누릴 수 없게 된다. 이렇듯 돈이 가진, 활용해야지만 실질적 효익이 발생한다는 가치의 특성상, 그것을 사랑하는 자에겐 만족감을 주지 못한다. 이는 단순히 종교적이거나 도덕적인 말이 아니다.

과거 조사에선 '돈'의 양과 행복도는 관련이 없는 경우가 많았다. 물론 '빈곤'의 상태가 유발하는 온갖 해악에 대해선 이견이 없다. '빈곤'은 사람의 인생 다양한 분야를 파괴한다. 하지만 일상생활을 영위하기에 필요한 돈이 확보되고 난 이후엔, 추가로 얻는 돈이 행복도에 유의미한 영향을 주지 않음이 드러났고, 이 사실은 널리 인정받고 있다. 그런데, 최근 조사들에선, '돈'이 행복도와 관련이 있단 증거가 속속 나오고 있다. 다만 이는 이전 조사 결과를 뒤엎는 방향의 결과가 아니다.

이 상이해 보이는 결과는, 일상생활을 영위하기에, 충분한 금액 이후에 얻는 부를 어떻게 활용하느냐에 집중하여 연구하였기에 발생했다. 주기도문에도 표현한, '일용할 양식'의 범주를 넘어가는 돈을, 그저 물질을 보유하기 위한 방향으로 사용하는 것은, 과거 연구 결과와도 같이, 행복도에 큰 영향을 주지 못하는 것으로 드러났다. 그것을 사용하는 순간엔 분명 기쁨이 찾아오는 듯하지만, 그것은 지속적인 행복으로 작용하지 못한 것이다. 요즘 말로는 '현자 타임'(원하던 것을 손에 얻고 나면, 허무함을 느껴서 마치 모든 것을 해탈한 '현자'가 된 것 같은 상태를 나타내는 인터넷 용어)이라 하는 상태를 발견한다.

이렇듯 다수의 연구 결과, 돈을 어떻게 사용하느냐가 중요하다는 것이 드러났다. 통상적으로 물질적인 물건을 보유하기 위한 소비 자체는 행복도와 큰 관련이 없었다. 행복도를 증진한 경우는, 타인을 위한 소비와, 경험의 기회나 시간을 절약할 서비스를 **구매**할 때였다. 즉, 돈을 어떻게 **활용**하느냐가 주안점이란 말이 된다. 따라서 앞서 우리가 나눴던 돈의 가치와도 그 맥을 같이 한다.

즉, 부를 형성하고 나서, 우리에게 쥐어진 **남는 돈**은, 그저 쌓아 둔다고 그 자체로 행복이 되지 않는다. 이젠 어떻게 활용하고 관리하고, 투자하느냐다. 그것을 현명하게 소비하지 않으면 그 가치와 효익이 직접적으로 우리 삶에 발생하지 않는다. 돈 그 자체를 사랑하여 사용할 수 없는 상태에 빠진다면, 돈을 활용해서 행복도를 증가시킬 수 없는 역설에 빠지는 것이다.

모길너와 마이클이란 학자는 한 조사를 통해, 돈과 시간이라는 매우 귀중한 자원 중, 어떠한 자원에 더 중점을 두느냐에 따라서 행복도나 삶에 대한 태도가 달라짐을 발견했다. 돈보다 시간에 중점을 둔 그룹은, 삶에 대해 만족하고 행복감을 느끼는 비율이 더 높았다. 그들은 덜 일 하고 자신이 소중하다고 생각하는 시간을 가족과 친구들과 함께 쓰는 것에 더 깊은 즐거움을 느꼈다. 하지만 돈에 더 중점을 둔 그룹은 행복감을 보다 더 적게 느꼈다. 흥미롭게도 시간에 중점을 둔 그룹은, 자신에게 주어진 그 시간을 가족과 친구에게 기꺼이 나누며 행복감을 느꼈다. 즉, 사용하기 위해서 시간을 아낀 것이다.

성경은 오랜 기간 다양한 배경과 사연을 가진 기자들을 통해 완성된 책이다. 하지만 그 주제는 짜임새 있는 통일성을 이루고 있다. 이는 돈에 대한 처방에도 다르지 않다. 성경은 신구약을 가리지 않고 돈에 대한 문제는, 돈 그 자체가 죄악이 되거나, 부정으로 발생한다고 하지 않는다. 성경은, 돈에 관한 모든 문제는 궁극적으로 **사랑**에 있다고 말한다. 돈에 대한 사랑.

빈곤이라는 것은 제아무리 신앙이 좋더라도, 하나님을 사랑하더라도 견디기 어려운 아픔을 남긴다. 우린, 이 세상에 살아가려면, 좋든 싫든, 돈도 필요하다. 그렇기에 성경이 시대를 초월해서 경계하는 것은 돈을 사랑하는 마음이다. 가장 모범적인 기도의 본이라 할 수 있는, 주기도문엔, 그래서 우리를 위한, **일용할 양식을 주시옵고**라는 간청이 들어있다. 사람이 떡으로만 살 것 아니라 하셨던 주님께서, 그럼에도 우린 떡도 필요하단 사실을 인정해 주신 따스한 배려이다. 그렇기에 성경은 돈을 활용하는 것, 돈을 버는 것, 돈을 모으는 것, 돈으로 사업을 하고 장사를 하며 그것으로 뜻을 관철하는 것을 막지 않는다. 그저 우리 마음을 지키라 권면한다. 우리 마음이 경도되지 않도록 경고한다. 그 돈과 그 돈이 상징하는 자연과 모든 재화의 가치를 창조하신 하나님의 손길을 잊지 말라며 교훈한다.

그리고 이는 기본적으로 마음이란 야수를 길들이는 도전이다. 성경적 표현에 따르면, 그 야수는 '우리 옛사람'이기도 하다.

야수 길들이기

돈에서 마음을 지키는 첫걸음은 우리가 돈을 무척이나 사랑하는 상태에 처해있다는 것을 인정함에서 시작된다. 이것은 무슨 의미인가? 그것을 인정하지 않고 돈을 대하면 무슨 일이라도 일어난단 말인가? 돈과 재물에 대해 백안시하고 그것을 그저 몰이해의 영역에 두는 것을 선택해서는 안 되는 이유는 무엇인가?

돈엔 내재가치가 없다. 개념적으로 그 안이 텅 비어 있다. 그리고 그것으로 우리의 내면을 가득 채운다면, 또한 그 자체가 공허함이 되어 우리 삶에 중요한 요소들을 주장하기 시작한다. 돈을 모으고 재산을 축적하는 거 자체가 목표가 되었을 때, 우리는 많은 것을 놓치게 된다. 실상 돈을 지급하여 얻어야 할 기회를 돈을 위해서 내어주고, 재물로 교환해야 할 가치를 재물을 위해서 포기하기에 이른다. 그리고 때론 실로 애석하게도, 돈과 재물을 얻을 '기회'만을 위해서 근본적인 가치까지 기꺼이 내어주기도 한다.

그런 의미에서 돈은, 그 자체로 야수와 같다. 돈에 관한 생각, 돈에 대한 마음은 으르렁거리는 맹수이다. 특별히 그 생물은 굶주림이 끝이 없고 탐욕이 멈출 줄 몰라 도무지 만족하지 않는다. 맹렬하고 폭력적인 몸짓으로 우리를 어떤 '감정'에 사로잡히게 한다. 그것은 공포일 때도 있고, 또 강한 힘을 곁에 뒀다는 고양감일 때도 있다. 그 모양이 다를지언정 결과적으로 우리 내면에 발생시키는 문제는 같다. 돈이나 재물은, '우선순위'를 뒤틀어 놓는다.

통제를 벗어난 재물은 마치 한 마리 야수와 같이 내면에서부터 우리를 좀 먹는다. 기회만 되면 삶의 가치체계 또한 흔든다. 앞서 돈과 재물은, 어떤 의지를 관철하기 위해서, 필요한 **수단**이라 밝혔다. 그리고 그 수단이 목적이 되는 순간 우리의 삶은 더없이 공허해진다. 하지만 우린 돈을 상당히 사랑하는 상태로 돈과 관련한 여정을 시작한다. 그리고 성경은, 돈을 사랑하는 것은 일만 악의 뿌리라고 한다(딤전 6:10). 우린 드디어 시작점에 섰지만, 그 상황은 상상 이상으로 좋지 못하다. 그렇다고 해서 그 야수 자체, 우리의 탐욕에 방울을 걸고 목줄로 옭아매려 한다면, 그것은 성공하기 매우 어려운 일이다.

따라서 이를 해결할 방법은 그저 존재를 부정하는 것도 아니며, 무조건 적으로 배척하는 것도 아니다. 필요를 인정해야 한다. **우린 돈이 필요하다.** 그렇기에 우리의 위험천만한 탐욕을 자극하는 돈을 곁에 둔다.

"왜 돈이 필요한가?"

이 한마디 질문이 우리의 마음을 돈의 부작용에서 지키는 방편을 마련하는 시작이다. 우리는 우리의 필요를 인지하고, 그 필요에 따라 돈에 알맞은 목줄을 매고 **활용**해야 한다. 그 소유 자체에 도취 되어서 목적을 잃은 돈은, 실로 없는 것만 못하다.

내가 해 아래서 큰 폐단 되는 것을 보았나니 곧 소유주가 재물을 자기에
게 해 되도록 지키는 것이라(전 5:13)

현대 사회에서 누구나 돈이 필요하다. 그 필요는 각자 다르다. 어떤 효익을
누리기 위해서는 돈이 있어야 한다. 그렇다. 우리에게 돈은 **사용**하기 위해서
필요한 것이다. '필요'를 넘어 사랑하게 되고 그것이 목적이 되어서, 써야 할
곳에서 쓰지 못하게 된다면, 다시 말해 '돈'을 포기해야 할 순간에 포기할 수
없다면 균형을 잃었단 증거다.

모든 사명과 필요에 충분할 만큼 두둑한 부를 마련한 사람은 많지 않다. 따
라서 목적 없이 쌓인 부의 문제를 다루는 것이 낯설게 느껴질 수 있다. 하지
만 뭐든 미리부터 준비하지 않으면 늦는다. 부가 쌓이기 시작하기 전에, 내가
어떤 부를 획득하기 전에, 미리 준비하여야 한다. 성경에 기록한 씨뿌리는 비
유에서처럼, 우리는 준비된 밭이 되어있어야 한다. 부가 우리에게 임했을 땐,
너무 늦는다. 그것은 이미 야수가 되어있을 터다.

이런 상황에서 우리 믿음의 선진들은 어떻게 준비하였고 대비하였는지,
그 마음을 어떠하게 지켰는지 이제부터 살펴보자.

오멜 : 넘치지도 모자라지도

> 곧 허탄과 거짓말을 내게서 멀리 하옵시며 나로 가난하게도 마옵시고 부
> 하게도 마옵시고 오직 필요한 양식으로 내게 먹이시옵소서 혹 내가 배불
> 러서 하나님을 모른다 여호와가 누구냐 할까 하오며 혹 내가 가난하여 도
> 적질하고 내 하나님의 이름을 욕되게 할까 두려워함이니이다(잠 30:8~9)

우리 성경은 시작부터 끝까지 물질에 대해서, 돈에 대해서, 참으로 균형 잡
힌 시각을 견지한다. 비록 재물이 발생시키는 무수한 악영향이 존재한다 한
들, 그것이 우리네 삶에, 우리의 사회에 필수 불가결한 요소임을 부정하지 않
는다. 이토록 성경의 정신은 현실에 기반하여 실질적인 통찰을 준다. 특히 잠
언 30장에 수록한 기자의 발언은 이러한 균형의 극치를 보여준다. 잠언 기자
는 하나님께 물질에 대해서 간구하고 있다. 자기 마음의 용량을 넘어선 부로
인해서 자기 삶의 우선순위인 하나님을 잊을까 걱정하면서도 한편으로 일상
을 영위하기에 필요한 재물이 없어서 삶을 제대로 유지할 수 없지 않을까 하
는 현실적인 고민도 담고 있다.

잠언 기자는 자기의 한계를 인정하고, 그 이해에 기반한 기도를 드린다. 자
기 자신을 아무리 많은 부가 있어도 흔들리지 않을 초인으로 생각하거나, 빈
곤 앞에서도 그 양심과 마음을 오롯이 지킬 수 있는 성인으로 여기지 않는다.
자신이 잠언을 적을 만큼 지혜롭고 올곧은 사람으로 살 수 있었던 것은, 하나
님이 마련해주신, '환경' 덕분임을 인정한다.

수년 전, 한 국내 공영방송사에서 심리학자의 조언을 받아 흥미로운 실험을 진행했다. 십여 명의 대학생을 대상으로 지적 능력을 측정한다며, '시험'이라 밝히고 밀폐된 교실에서 시험을 보게 했다. 제작진은 실험 도중 연기를 피워 문틈 사이로 연기가 들어오게 했다. 하지만 실험 대상자는 실제로 한 명이었고, 나머지는 모두 배우였다. 미리 주문한 바에 따라, 배우들은 태연자약하게 시험지를 풀었고, 실험 대상자는 눈치를 보다가, 위험한 것 아니냐 속삭이듯 말했다. 하지만 아무도 신경을 쓰지 않자, 곧 그도 시험지에 집중했다. 결국 교실에 연기가 자욱하여 카메라가 시험 장면을 담지 못할 지경까지 대피하지 않고 문제를 풀었다. 같은 조건으로 여러 차례 실험을 진행했으나, 첫 실험 대상자 외에도 대부분 사람은, 시험을 끝마칠 때까지 교실에 남아있었다. 같은 조건에서 이번엔, 배우들이 실험 대상자의 지적에 호응을 해주거나, 동의하도록 했다. 그러자 시험을 도중에 포기하고 대피를 결정한 비율이 치솟았다. 제작진은 이를 '환경의 힘'이라 평했다. 이는 잠언 기자의 발견과도 다르지 않다.

하나님은 우리를 지으셨다. 우리와 내면과 외면, 그 모든 부분을 속속들이 다 아신다. 비유하자면, 우리의 청사진(blueprint), 즉 설계도를 가지신 분이다. 그런 분께서 인간에게 성경을 주셨다. 따라서 논리 필연적으로 성경이 담고 있는 교훈은 지극히 현실적이다. 우리를 설계하시고 지으신 분께서 우리의 재질을 모르시고, 우리의 현실에 맞지 않는 교훈을 주신다면 실로 이상할 터이다.

그렇기에 성경은 우리의 필요에 대해서 백안시하지 않는다. 우리의 필요를 이해하고 그것을 시작점 삼아 각종 처방을 마련한다. 삶의 필수적 요소들을 무턱대고 부정하거나, 인간의 요소를 막무가내로 제거하려 들지 않는다. 도리어 그런 한계를 안고도 영원한 가치를 사모하고 또 좌로나 우로나 치우치지 않고 균형을 이뤄나갈 수 있도록 적합한 지혜를 제공한다.

잠언이 묘사하는 돈에 대한 교훈도 마찬가지다. 잠언 기자는 돈의 필요를, 물질의 효용을 부정하지 않는다. 오히려 최소한 일상을 영위할 수준의 '양식'이 없다면, 생존을 위해서 범죄를 저질러 하나님의 이름을 욕되게 할까 심려한다. 반대로 자신이 준비된 수준을 넘어서는 막대한 '부'를 소유하여 곧 자신이 교만해질지 고민한다. 어쩌면 우리가 가진 선과 신앙도, 하나님이 '은혜의 울타리'로 지키신 결과이다.

그렇기에 이 구절은 단순히 중용(中庸, 지나치거나 모자라지 아니하고 한쪽으로 치우치지도 아니한, 떳떳하며 변함이 없는 상태나 정도)의 도를 묘사하는 것에 그치지 않는다. 흥미롭게도 잠언 기자는 돈이 가진 또 다른 속성, 우리가 앞서 논한, 그 야수와 같은 '영향력'을 인지하고 있다. 시장과 경제가 고도화되어, 그 돈의 쓰임과 교환가치가 급증한 결과로 영향력이 늘어난 것은 사실이다. 다만 그렇다고 해서 전혀 새로운 시대가 열린 것은 아니다. 일찍이 솔로몬은 해 아래 새것이 없다 했다. 세상은 급변하지만, 사람의 본질은, 그 재질은 변함이 없다.

턱없이 부족한 재원은 사람을 때론 극단적인 상황에 내몬다. 그래서 그 어떠한 도덕이나 체면은 뒤로하고, 생존본능을 앞세우곤 한다. 또 많은 재물은 그 자체로 독소라고 해도 좋을 영향을 그 일대에 끼친다. 잠언 기자는 바로 이러한 점을 하나님께 토로하며 도움을 구하며 간청하고 있다.

그렇다면 하나의 질문이 발생한다. 그 중용에 해당하는, 너무 많지도 않고 너무 적지도 않은 '양'은 누가 정하는가? 우리에게 위해가 되는 '환경'에서 보호하려면 얼마나 많은 부가 필요할까? 예수께서 말씀하신 '일용할 양식'은 도대체 얼마일까? 다행히도 성경엔 이를 유추할 아주 훌륭한 예시가 있다.

> 여호와께서 이같이 명하시기를 너희 각 사람의 식량대로 이것을 거둘지니 곧 너희 인수대로 매명에 한 오멜씩 취하되 각 사람이 그 장막에 있는 자들을 위하여 취할지니라 하셨느니라 이스라엘 자손이 그같이 하였더니 그 거둔 것이 많기도 하고 적기도 하나 오멜로 되어 본즉 많이 거둔 자도 남음이 없고 적게 거둔 자도 부족함이 없이 각기 식량대로 거두었더라(출 16:16~18)

우리가 잘 아는 만나에 관한 이야기이다. 광야를 횡단하는 이스라엘 백성을 위해서 하나님은 만나를 내려주셨다. 성경의 묘사에 따르면 작고 둥근 게 꼭 깟씨(Coriander seed, 고수 나물 씨)처럼 생겼으나, 그 색은 서리처럼 새하얗다. 맛은 "꿀 섞은 과자"와 흡사하다 했다(출애굽기 16장 참고).

그 맛과 생김새, 주신 방법 등도 매우 흥미롭지만, 그 배분의 과정도 성경이 말하는 '중용'은 무엇인지 유추할 만한 꽤 중요한 힌트를 제공한다.

오멜(עמר, 곡식 다발, 한 묶음, 2리터 정도로 추정됨)은 당시 하루분의 식량을 관용적으로 의미하는 계량 단위이다. 하나 고대 사람들은, 현대인들처럼 숫자에 엄격하지 않았다. 그러므로 해당 구절은 저울 따위를 가지고 모든 사람이 정확하게 2리터의 만나를 취하는지 감시하라는 명령이 아니다. 17절에 이러한 점이 명확하게 드러난다. 누구는 남들보다 더 많이 만나를 거두고, 어떤 이는 남들보다 더 적게 만나를 거뒀다. 다만 그 결과로 넘치는 자도 없고, 부족한 자도 없었다. 즉 해당 구절에서 오멜은, 그저 각자가 충족할 만한 '양', 각자가 하루를 살아가기에 필요한 '양'을 의미한다.

이처럼 하나님이 베푸시는 '배급'은, 현대인들처럼 정확하게 측정하여 각자 머릿수대로 할당된 양만 제공하지 않는다. 오히려 하나님은 각자의 개성과 필요에 맞춰서 만나를 공급해 주셨다. 한 사람이 하루를 살기 위해서 필요한 양은 다양한 요소로 결정되었을 터이다. 평소보다 허기졌을 때는 더 챙겨갈 수 있었을 것이고, 그렇지 않을 때는 적절한 양을 취했을 것이다. 출애굽기에 기록한 만나 이야기가 주는 중요한 교훈은, 누가 얼마나 많은 양을 가지고 갔는가가 아니다. 바로, "필요"가 그 오멜의 양을 결정하는 데에 있다.

이런 견지에서 잠언 30:8~9의 말씀을 살피면, 성경이 말하는 중용의 수준은 결국, 그 필요와 사명에 따라 결정되는 것이지, 어떠한 획일화가 아니다. 하나님은 우리를 이분법으로 나누시지 않는다. 물론 얼마든지 원하신다면, 정확하게 오멜, 그러니까 2리터만 각자가 얻도록 하실 수도 있다. 하지만 그렇다면 개개인의 필요와 개성을 무시하신 것이 된다. 하나님께선 명확한 기준으로 우리를 부자로 또는 가난한 자로 규정하실 수도 있다. 하지만 그러지 않으신다. 그저 그 기준을 '오멜'로 두신다. 오로지 어떤 기준을 두어 서로의 등급을 나누고 차별하는 것은 우리다.

따라서 우리가 상고할 것은, 얼마나 많은 양의 돈을 가지고 있나 보다, 왜 그것이 필요하고 또 얼마만큼 필요한지 상고하고 인지하는 것이다. 이후 기록한 만나 이야기도 중요한 교훈을 제공한다. 필요 이상으로, 그러니까 자신의 오멜 이상으로 거둔 자들의 남은 만나는 결국 썩어 벌레가 생겼다. 이는 모세를 노하게 했다. 그들은 다음 날 주시기로 약속한 하나님을 신뢰하지 못했으니까. 또한 이는 경제학에서 말하는 **한계효용**(Marginal Utility)과도 맞닿아 있다. 아무리 많은 양의 재화를 가져도, 오멜을 넘어서는 순간, 그것을 통해 누릴 효용은 더 이상 늘어나지 않는다.

무엇이 우리의 오멜을 결정하는가? 우리가 일용할 것들과 삶을 영위할 것들이 충족되고 나면 그 이후엔 **사명**, 그것뿐이다. 하지만 우리의 접근은 강제로 우리의 오멜을 늘리는 비결을 고심하는 방향이 되어서는 안 된다. 어떤 사명이 오멜이 큰지 살피는 건 우리가 얻을 교훈이 아니라는 말이다. 이는 결국 하나님을 조종하고자 하는 망령된 마음이다. 그리고 실상 우린, 하나님의 뜻을 한 터럭도 바꿀 수 없고, 오히려 우리만 돈의 영향력에 그대로 노출되어, 그 부작용에 걸려 넘어지게 된다. 따라서 우리가 집중할 부분은 사명 그 자체이다.

이야기를 종합하면, 우린, 돈이 왜 필요한지, 그 필요를 위한 오멜은 얼마인지 고려하며 나아가는 마음가짐을 유지해야 한다. 그저 단순히 부를 쌓고 돈을 모으고 불리는 그 행위 자체에 경도하는 것이 아니라, 목적과 뜻을 가지고 돈을 대하는 자세를 말한다고 할 수 있다. 이를 토대로 잠언의 말씀을 다시 살피면, 이런 말이 된다.

"주님, 제 마음을 지킬 수 있는 정확한 '오멜'은 주님만 아십니다. 주님의 뜻대로 내게 '일용할 양식'을 허락해 주세요."

이에 따르면, 잠언 기자가 생각하는 재물의 출처도 하나님이시며, 적정한 오멜을 아시는 것도 주님이시란 말이 된다. 또한 그 모든 기도를 들으시고, 충족시켜 주실 분도 하나님이시다. 오늘날도 우리에게 늦은 비와 이른 비, 그리고 영적이고 물질적인 만나와 메추라기를 풍성하게 공급해 주시는 분이시다.

자족에 이르는 경지 : 가치체계

> 그러나 자족하는 마음이 있으면 경건은 큰 이익이 되느니라 우리가 세상에 아무것도 가지고 온 것이 없으매 또한 아무것도 가지고 가지 못하리니 우리가 먹을 것과 입을 것이 있은즉 족한 줄로 알 것이니라(딤전 6:6~8)

디모데전서는 부당하게 투옥되어 순교를 앞두고 이제 사역을 정리하던 바울이 그를 이어 사역해야 할 젊은 디모데에게 보낸 편지의 1부에 해당하는 서신이다. 그야말로 사랑하고 아끼는 제자이자 후임이 될 디모데를 향한 바울의 절절하면서도 실용적인 조언이 담겼다.

7절엔 우리에게도 익숙한 표현인 '공수래공수거'(空手來空手去, 빈손으로 태어나, 빈손으로 간다)와도 유사한 내용이 담긴 것이 흥미롭다. 물론 맥락까지 포함하여 살폈을 땐 그 의미는 꽤 다르다. 모두 알다시피, 공수래공수거는 인생의 덧없음과 허무를 표현하기 위해 존재한다.

반면 디모데전서에 기록한 말씀은, 근본적으로 재물의 부작용에서 마음을 지키는 자세에 관한 이야기이다. 더 나아가 우리가 진정 의지할 대상은 무엇이냐에 관한 이야기이기도 하다. 특별히 온갖 혼란과 다툼에서 홀로 사역을 감당해 내야 하는 디모데는, 더욱 악해지기만 하는 세상 속, 그리고 다가올 환란을 이겨내야 할 처지에서, 바울과도 '헤어질 결심'을 하는 중이다. 그런 그가 어떻게 위로를 얻을 수 있을까?

그래서 바울은 붓을 들었다. 자신의 뒤를 이어서 어려운 사명의 길을 걸어야 하는 디모데에게 힘을 주고 용기를 전달하고 싶은 마음을 절절히 담아 편지를 써 내려갔다. 따라서 이는 인생의 덧없음을 논하는 문장과 전혀 상반된다. 인생을 의미 있게 하고 살아야 할 이유를 제시하기 위해서 바울이 택한 문장이다. 디모데전서의 흐름을 따라 이 구절을 살펴보자.

바울은 "우리가 세상에 아무것도 가지고 온 것이 없으매 또한 아무것도 가지고 가지 못하리니"라 적는다. 이는 **기여**(contribution)에 관한 이야기로 읽힌다. 세상으로 번역한 **코스모스**(κόσμος)는, 우주로부터 지구, 인류와 그 사회, 사람의 세상 등의 의미가 있는 아주 포괄적인 단어다. 그러니 우리 성경이 잘 번역한 '세상'이란 단어로 이해하되, 좀 더 너른 의미라고 의식하면 된다.

그 세상에 우린 아무것도 가져온 것이 없다. 다시 말하면, 태어난 시점에 그 환경에 '기여'한 바가 없다. 우린 그저 환경에 덩그러니 놓인 존재와 같다. 사람은 환경의 산물(product of environment)이란 표현도 있지 않던가? 이는 바울이란 입지전적인 인물도 마찬가지다. 그는 '사도'라는 기준으로 보더라도 그 누구보다 훌륭한 업적을 달성했다. 하지만, "나의 나 된 것은 하나님의 은혜로 된 것"이란 그의 표현대로, 그가 큰 업적을 이룰 수 있던 것은, 오로지 하나님의 은혜뿐이었다(고전 15:10). 이는 바로 앞 절에서 주님을 만나기 전, 자신의 삶을 "만삭되지 못하여 난 자"의 삶으로 규정한 부분에도 잘 드러난다(8절).

그리고 바울의 그런 '연약함'은 역설적으로 디모데에겐 희망이 된다. 바울을 바울 되게 하신 하나님의 '은혜'는 비록 바울이 이 세상을 떠나더라도 사라지지 않는다. 제아무리 바울이 디모데를 조력하고 그를 키워낸 모든 것이 대단하며, 그의 사역 결실이 전례 없을지라도 말이다. 주께서 주신 풍성한 '부요' 또한 여느 사람이 그러하듯, 바울도 이 세상에서 한 터럭도 가지고 갈 수 없기 때문이다. 이를 다시 말하면, 디모데는 아무것도 상실하지 않는다는 말이다. 바울의 존재 여부와 관련 없이, 그의 곁에 여전히 남아있다. 바울을 바울 되게 하였던 그 모든 풍요가.

이런 믿음, 그러니까, 그리스도인이 누리는 모든 영적이고 육적인 부의 원천은 하나님께 있다. 또 그런 부는 우리가 탐욕에 사로잡혀 서로 투쟁하고 다툼으로 쟁취하는 것이 아니다. 이런 사실을 믿는 믿음으로 형성한 '자족하는 마음'에 뿌리내린 **경건**은 큰 이익이 된다(6절).

이는 마태복음 6장 20절에 기록한 '보물'을 쌓아 두는 '장소'에 대한 예수님의 가르침을 떠오르게 한다. 이 땅에 쌓아 올린 명예나 부는, 이 세상을 떠날 땐 아무런 의미가 없다. 한 터럭도 가지고 갈 수 없다. 무덤에 고인과 함께 안장하고, 그 내부와 외부를 화려하게 꾸밀지라도 달라질 것은 없다. 그 모든 장치는 남은 유족들의 마음을 위로하는 방편일 따름이다. 물론 그런 함께 '부장'된 보물이 감쪽같이 사라질 때도 있다. 도굴을 당할 때다. 고대 그리스인들이 고인에게 저승에서 노잣돈으로 사용하라며 입에 물려주던 동전까지 박물관에 진열이 되는 것을 보면, 참 애석하다. 우리는 죽어서도 도둑질의 피해자가 될 수 있다는 점이 서글프기도 하다.

하지만 이 모든 것을 아는 신앙인들도 때론, 재물에 경도된다. 때론 주객을 전도시켜, 경건을 부를 형성하는 방편으로 오용한다(딤전 6:5). 이는 명백히도 예수께서 가르치시던 것과 다르다(3절). 바울이 전한 권면은, 근본적으로 그런 '환경'에 휩쓸리지 않길 바라는 마음의 발로이다.

결국 이는 우리가 향유하는 부의 원천에 관한 이야기이기도 하다. 성경의 교훈을 역으로 적용해서 하나님이나 신앙을 부를 얻는 방편으로 오용하려는 자들을 바울은 경계한 것이다. 그런 비기독교적인 메시지가 신앙인들 사이에도 풍성할 땐, 바울과 같은, 또 디모데와 같은 경건한 자들은 크게 슬플 수밖에 없다.

바울은 자족하는 마음이 함께하는 경건 그 자체가 큰 이익이 된다고 말한다(6절). 우리의 신앙과 경건은 부를 획득할 **수단**이 아니라, 우리가 누리는 부의 **정체**(正體, identity, 본모습)이다. 그러므로 우리는 그리스도 안에서 모든 것을 할 수 있다(빌 4:13). 또한 우리는 삶의 도중에서 표면적으론 근심하는 자 같을 때도 있고, 또 가난에 처하거나 아무것도 없는 사람처럼 생각이 되는 경우도 있을 수 있다. 하지만 우리의 실상은, 항상 기뻐하고, 많은 사람을 부요하게 하는, 모든 것을 가진 자다.

> 근심하는 자 같으나 항상 기뻐하고 가난한 자 같으나 많은 사람을 부요
> 하게 하고 아무것도 없는 자 같으나 모든 것을 가진 자로다(고후 6:10)

따라서 역시 바울이 그의 삶을 정리하면서 쓴, 옥중서신 중 하나인, 빌립보서에도 **자족**을 언급한다. 바울이 비천과 풍요로 표현한, 어떤 형편에도 자족할 수 있는 비결은, 그리스도를 믿는 신앙 그 자체가 **부**가 된 경지이다. 이처럼 우리 신앙은 만족을 준다. 그리고 그것이 연쇄적으로 부요함을 창출한다.

> 내가 궁핍하므로 말하는 것이 아니니라 어떠한 형편에든지 나는 자족하
> 기를 배웠노니 나는 비천에 처할 줄도 알고 풍부에 처할 줄도 알아 모든
> 일 곧 배부름과 배고픔과 풍부와 궁핍에도 처할 줄 아는 일체의 비결을
> 배웠노라 내게 능력 주시는 자 안에서 내가 모든 것을 할 수 있느니라(빌
> 4:11~13)

또한 자족이란 요소가 중요한 것은, 단순히 그것이 종교적으로 옳거나, 도덕적이라서가 아니다. 이는 우리가 이미 가진 것을 의미 있게 하고 그것을 통

해 기쁨을 누릴 수 있도록 돕기 때문이다. 성경은 자족하지 못하여 아무리 먹어도 굶주린 상황을 저주로 묘사하고 있다(미 6:14; 호 4:10; 욥 20:20; 학 1:6).

우린 때론 자족이란 개념을 오해한다. 마치 부를 버려두고 빈곤으로 달려가는 듯한 모습을 연상하기도 한다. 또는 여타 종교에서 말하는, 모든 욕심에서 벗어난 해탈의 모습을 그리기도 하고, 심지어 현실에 안주하는 게으름으로 착각한다. 때론 만족이 생산성을 저하하고 인생의 도전을 못 하게 하는 요소로 여겨진다.

오죽하면, '헝그리 정신'이라는 표현도 있지 않았던가? 국립국어원에 따르면, 이를 '끼니를 잇지 못할 만큼 어려운 상황에서도 꿋꿋한 의지로 역경을 헤쳐 나가는 정신'이라 한다. 하지만 실제로 그런가? 자주 굶어서 영양상태가 불량한 스포츠 선수가 세계대회에서 더 뛰어난 업적을 달성하는가? 혹여 그런 선수가 있다고 해도 그 선수에게 좋은 대우와 좋은 환경, 그리고 균형 잡힌 식단을 제공하면 제 실력을 발휘하지 못할까? 정신론에서 특히 앞서던, 2차 세계대전의 어떤 군국주의 국가는 그런 정신론을 믿고 보급을 등한시하다가 처절하게 패망하지 않았던가?

성경이 말하는 자족은, 우리의 필요를 무시하고, 궁핍 그 자체를 우상화한 결과가 아니다. 성경적 자족은, 우리를 주어진 상황에 만족하게 하고 행복을 느끼게 돕는다. 또한 가진 것에 감사하게 한다.

그리고 다양한 연구의 결과, 근무 환경에 만족하고 행복한 노동자가 더 높은 수준의 생산성을 보인다거나, 감사하는 마음을 가진 학생이 향후 학업성취도 증진이 높다는 것을 발견했다. 어떤 연구에선 직원의 행복감이, 고객에게 더 양질의 서비스를 제공하여 기업의 이미지를 증진한다는 결과도 나왔다. 진정한 자족은 우리를 수동적으로 만들지 않는다. 오히려 열정적으로 만든다. 만족하니 안주하는 것이 아니라, 새로운 것도 도전하고자 한다. 바울도 그랬다. 바울은 자족하고 만족하는 사도였다. 하지만 그가 이룬 업적은 이루 말할 수 없다. 그렇기에, 우리가 바랄 자족의 경지는 결코 **현실 안주**와는 동의어로 쓸 수 없다.

우리 안의 야수는, 우리의 탐욕을 먹고 자란다. 아니, 실상 그 야수가 먹는 사료의 정체는 우리의 옛사람이며, 우리의 죄성과 결탁한 **마음**이다. 이는 필요하지도 않은, 무리하게 많은 양의 돈을 추구하게 만든다. 우선순위를 뒤틀어놔서, 돈을 획득하기 위해서 더 근본적인 가치를 외면하게 한다. 비록 시작은 행복한 삶을 위해서 돈을 갈구했지만, 돈을 얻기 위해서 행복해질 기회를 상실하게 만들기도 한다.

그런 야수는 다름아니라 바로 우리의 마음이다. 그저 그것을 부정하거나 없이할 수 없다. 우리가 살아가는 동안 늘 동고동락해야만 한다. 이에 우린 오멜의 교훈을 적용해야 한다. 신앙인은, 무절제한 탐욕이 우리의 '일용할 양식'의 양을 결정하게 방치하지 않는다. 왜냐하면 우리 안의 야수는 만족을 모르기 때문이다. 따라서 우선 우리의 '필요'와 사명을 검토하고, 또 하나님께 구하며 우리의 오멜을 인식하고 또 이해해야 한다. 그래야 그런 이해를 근간하여, 우리의 부요함은 그리스도로부터 오는 것임을 깨닫게 된다. 우리는 부족하지만, 성령께서 함께하심으로 우린 **자족**으로 나아갈 수 있다. 그 자족의 경지는, 기본적으로 우리를 만족하게 하고 행복하게 한다. 이는 그저 현실에 안주하게 만드는 유의 것이 아니다. 오히려 바울처럼 우리를 운동하게 한다. 우리를 열의에 차게 만든다. 우리를 사명 감당을 위해 달려가게 한다. 그렇게 하면서 길들인 야수는, 이제 우리에게 위협이 되는 야수가 아니다. 도리어 우리 사명을 감당하게 해주는 파트너가 된다. 어쩌면 동력이라고 해도 좋겠다.

다듬어지기 이전의 바울의 율법에 대한 열정은, 그리스도인들을 배척하고 잡아 죽이기까지 하게 했다. 하지만 성령께서 그와 함께하시니, 그는 무수한 서신서로 많은 이에게 커다란 영향력을 끼쳤다. 사도 요한의 열정은, 반대자들을 몰살시켜 달라고, 예수께 구하는 누를 범하게 했다(눅 9:54). 하지만 그는 성령님의 도우심으로 결국 사랑의 사도가 되었다.

어쩌면 우리의 **돈**에 대한 사랑도, 그저 우리를 해치기 위해서 존재하지 않는다. 하나님은 우리 내면에 그런 야수가 존재함을 잘 아신다. 주님은 우리에게 돈이라는 개념을 공연히 허하셔서 곤고하게 만드신 것이 아니다. 오히려 야수를 길들이는 것은 더없이 힘들지만, 넉넉하게 이기게 하시는 성령님의 도우심으로, 넉넉히 길들이게 하실 것이다. 그리고 길든 야수는, 이제, 우리가 상상도 하지 못한 대단한 사명을 이루게 하는 커다란 조력자가 될 것이다.

약속하신 부

성경, 돈을 이야기하다

4장

사랑 love

사랑의 연료

차가 움직이기 위해선 기름이 필요하다. 가전제품이 작동하기 위해선 전기가 공급되어야 한다. 이처럼 사랑에도 **연료**가 필요하다. 신생아를 양육해 보면, 이 점을 절절하게 느낀다. 너무나 사랑하는 나머지 모든 것을 다 해주고 싶지만, 체력과 기력이 부족해서 못 해주는 무력감이 그 좋은 예이다. 모든 사랑엔 표현하기 위한 체력, 시간, 언어, 여유, 행동, 표정, 그리고 가치를 전달하는 물질도 필요하다. 인류사에서 그 사회가 점차로 발전하며 그러한 '사랑의 연료'를 확보하기 위한 수단으로써 돈의 역할이 강화되었다.

실상 우리도 돈을 사랑의 연료로써 일상에서 사용하며 지내고 있다. 지인과 차 한잔을 하는 것도 이러한 원리가 작용한다. 우린 차 한 잔을 마시기 위해서 만나는 것이 아니다. 차를 마시는 행위 자체, 그 향긋한 한잔이 주된 목표인 경우는 드물다. 대개 그 시간을 할애하고, 한 잔의 찻값을 지급하고 감정 에너지를 사용하는 것을 통해, 우린 상대방과의 사귐을 위한 기회를 구매하는 것이다. 게다가 돈이 사랑의 연료가 되는 것은, 이런 개인의 사귐에 한하지 않는다. 우리는 의도하였건 의도하지 않았건 우리의 선호와 기호, 또는 사랑을 돈으로 표현한다.

아마도 돈에 함의된 우리의 삶, 우리의 일상, 우리가 그것을 얻기 위해 포기해 온 기회비용만큼 그것에 마음이 담겼기에 그러할 터이다. 그런 모든 요소를 모아놓고 보니, 앞서 다뤘듯, 재물엔 정말로 문자 그대로 우리 마음도 있다. 그렇기에 비록 돈엔 아무런 내재가치가 없더라도 여전히 훌륭한 전달책이 된다. 물론 돈을 사랑의 전달책이라 표현하는 것이 영 껄끄러울 수도 있겠다. 마음이란 것이 얼마나 무거운데, 고작 종이 쪼가리인 돈에 담기겠는가? 하지만 이는 마치 가벼운 편지지에 진심이란 것이 깃들 수 있는 것과 같다. 절절하게 적어낸 편지에 마음이 담길 수 있다는 말은 좀 더 받아들이기 쉽지 않을까?

편지에도 사실상 언어만 문자만 담기지 않는다. 그것을 적기 위한 시간과 정성이 투입되고, 문장과 문장 사이에 자리한 여백엔, 진심을 표현하기 위해 세심하게 단어를 선택하고 문장 배열에 신경을 쓴 그 고민의 흔적도 묻어 나온다. 더 중요한 것은, 실상 그 편지를 쓰는 순간만 느껴지지 않는다는 점이다. 그 문장을 쓸 수 있기까지 그 사람의 진심이 일상에 켜켜이 들어찬다. 마음에 담긴 그 감정이 넘쳐서 흐른 것이 한 통의 편지 속에 그대로 담긴다.

이러한 점은 돈에도 고스란히 적용된다. 어린 자녀가 조금씩 용돈을 모아서 부모님께 선물을 사드린다. 이때 부모가 느끼는 감동은, 그 액수의 크기나, 그 선물의 효용에 한정되지 않는다. 그 화폐의 색이나 모양 따위는 부차적이다. 부모는 그 순간 마음을 느낀다. 자녀가 그 돈을 모으기까지 걸렸을 시간과 고단함, 그 돈을 모으기 위해서 희생했어야 했던 기회비용들, 게다가 그 선물을 고르고 고민하고 또 포장한 순간의 마음들, 그 모든 것이 꼬깃꼬깃한 돈의 주름마다 자리한 거 같아서 벅찬 마음으로 받는다. 자녀가 나에게 품은 마음은 알고도 남는다. 선물 같은 거 없이 무심코 건네는 말 한마디에도 부모는 행복하다. 하지만, 그도 부족하다 여긴 자녀가 선물까지 준비한다. 자녀 마음에 가득 들어찬 사랑이 넘쳐 흘러나온다. 그러니 그것이 편지에 담기던, 작고 사소한 선물이 되었건, 그 무엇이 되었건 감동이 된다.

현대의 경제 시스템상 돈이 온갖 가치들의 상징으로 쓰이기에 돈 또한 빈번하게 사용된다. 다만 우리 의식상 그러한 적용이 때론 불편하게 느껴지기도 한다. 왜냐하면 모두가 돈에 대한 상처가 있기 때문이다. 무언가 꺼림직하다. 그 결과 우린 돈을 매일 사용하면서도 깊게 상고하길 피한다. 우린 돈을 표현의 도구로 활용하면서도 인정하는 것을 기피 한다. 하지만, 돈은 사랑의 대상이 될 수도, 또 사랑의 연료가 될 수도 있는 훌륭한 도구다.

한 여자가 매우 귀한 향유 한 옥합을 가지고 나아와서 식사하시는 예수
의 머리에 부으니(마 26:7)

표현의 도구

돈을 사랑하느냐, 돈으로 사랑하느냐.

톨스토이는 그의 작품을 통해 사람을 살게 하는 것은 결국 **사랑**이라 역설했다. 대문호의 통찰은 성경이 말하는 바와도 맞닿아 있다. 구원의 서정도, 또 우리의 삶도, 하나님께서 이 세상을 이처럼 '사랑'하사 시작되었다(요 3:16).

물론 하나님의 사랑과 우리의 사랑은 그 격과 결, 모든 부분에서 감히 같은 음절로 부르기에 민망할 정도로 차이가 난다. 우리는 흉내 낸다. 마치 소화할 능력도 없으면서, 아기 판다가 대나무를 먹는 시늉을 하는 것과 같다. 사랑하는 부모 판다가 대나무를 먹으니, 자기도 사랑으로 모방하는 아기 판다는 하

나님 사랑 앞, 우리의 모습과 대동소이하다. 이처럼 우린 우리에게 남아있는 하나님 닮은 요소들을 끌어모아 필사적으로 사랑한다.

하지만 애석하게도 우리의 눈은 사랑을 볼 수 없다. 우리 눈은 무형인 대상을 볼 수 없는 기능적 한계를 가지고 있다. 그래서 표현해야 한다. 그리하여 사랑을 어떤 유형의 대상물이나 애정어린 언행에 담아 표현한다. 그리고 가장 빈번하게 활용하고 또 가장 효과적으로 여기는 표현 도구는 단연 '돈'으로 대표되는 재물이다.

돈은 표현의 도구이다. 돈의 역할을 분명히 알고 그것을 도구화할 때 우린 돈을 효과적으로 활용할 수 있다. 활용함으로 오롯이 그것의 효익을 누릴 수 있을 뿐만 아니라, 우리 내면에서 주인으로서 그것이 군림하는 것을 방지할 수 있다.

돈을 표현의 도구로 활용하기 시작하기 위해선 일단 그것이 **도구**라는 점을 인지해야 한다. 이 도구라는 인식이 희박할 때, 그 압도적 효용에 우린 때론 돈을 신격화하거나, 사랑의 대상으로 오해한다. 무슨 만능열쇠라도 되는 양, 모든 상황과 맥락에 돈을 앞세운다.

하지만 진정 돈을 도구로써 인식하기 시작한다면, 그것의 활용법을 고심하게 된다. 더 효과적으로, 더 효율적으로 활용할 방안을 모색한다. 돈은 그저 모아두는 것이 아님을, 쌓아 두는 것이 아님을, **사용**해야지 비로소 효익을 가져다준다는 사실을 늘 인식하게 된다. 이런 인식이 매우 중요한 이유는, 우리는 정말로 돈을 사랑하기에 그렇다.

어찌나 사랑하는지 사용하는 것에 고통까지 느낄 지경이다. 돈을 사랑하는 마음 자체는 떨쳐버려도, 떨쳐버려도, 다시 찾아온다. 그래서 사랑한다는 사실을 부정함으로는 이를 극복할 수 없다. 오히려 사랑한다는 것을 **인정함**부터 모든 변화가 시작된다.

사랑의 표현을 돈으로 하는 예를 들어보자. 어떤 사람이 있다. 그는 스스로 이르기를 자기는 신실한 그리스도인이며, 한 지역교회에 소속한 자라고 말한다. 그는 매주 예배당에 출석해 예배도 드리고 교제의 시간도 가진다. 하지만 그에겐 한가지 비밀이 있다. 지역교회엔 아무런 헌금도 내지 않고, 대신 기독교 유사 사이비 단체에 매달 돈을 기부하고 있다. 그렇다면 그의 진정한 소속은 어디일까? 굳이 돈에 마음이 담기며, 또 돈이 모인 곳에 내 마음도 있고, 돈이 사랑 표현의 방편이라고 강조하지 않더라도, 그 사람의 진심은 결국 돈으로 표현되었다고 확정할 수 있다.

위 사례에서 예배당 대신 가정이나 연인, 친구를 대입하더라도 마찬가지이다. 우리는 의식했건, 의식하지 않았건, 돈을 사랑 표현의 도구로써 활용하고 있다. 이는 단순히 주는 입장, 그러니까 돈을 활용하는 처지에만 효익이 있지 않다. 사랑의 표현을 받는 상황에도 유익하다. 상대방이 나에게 건넨 돈, 시간, 재원, 열심 등에 담긴 진정한 가치는 사랑이다. 그 '사랑'이란 인식은, 우리 마음을 진정한 감사로 가득 차게 한다. 하지만 단순히 액수만 본다면 늘 아쉽다. 그 돈으로 더 가성비 있는 물품, 나에게 더 필요했던 것에 관해 판단하게 된다. 그간 내가 상대방에게 건넸던 액수와 비교까지 하게 되면, 반응은

두 가지로 한정된다. 내가 건넸던 것들의 총액보다 적을 시엔, 섭섭함이 형성되고, 또 내가 건넨 총액을 웃돈다면, 되갚아야 한다는 부담이 형성된다.

앞서 하나님께선 우리의 헌물을 그저 **금액**으로 보지 않으심을 나눴다. 그분께선 그 헌물에 담긴 우리의 **중심**을 보신다. 그것을 준비하기까지의 시간과 감정, 땀방울과 설움 등을 전부 받아 주신다. 우리의 인지능력은 결코 하나님과 같아질 수 없다. 하나님처럼 볼 수 없다. 하나님처럼 알 수 없다. 우리의 사랑도, 그분의 사랑 앞에선 한없이 초라하다. 하지만 우리도 역시 앞서 이야기한, 아기 판다처럼, 결코 소화할 수 없다고 하더라도, 결코 완성할 수 없더라도, 하나님의 사랑을 필사적으로 흉내 낼 수 있다. 그분이 사랑하시는 방법과 또 사랑을 대하시는 방법, 또 사랑을 표현하는 도구인 돈을 대하는 **방향성**을 모방할 수 있다. 우리의 노력을 결코 완성될 수는 없다. 하지만 그럼에도 우리의 몸부림을 도우시는 성령님이 계신다. 매일 우리 안에서 말로 할 수 없는 탄식으로 간구하여 주시는 성령님이 계신다(롬 8:26).

그렇다면 타인이 우리에게 주는 혜택들, 그들이 나름대로 표현한 부분에서 감사를 느끼기 시작하는 것은, 결국 하나님이 우리에게 베푸신 사랑에 대한 우리의 마땅한 반응과 비슷하지 않은가? 이러한 인식의 변화는 우리에게 꽤 유익이 된다. 알음알음 감사의 범위가 넓어진다. 그로 인해서 느끼는 '감사의 총량' 그리고 '행복의 총량'은 증가한다.

돈은 사랑의 대상이 아니다. 돈은 사랑 표현의 도구이다. 그 돈을 사용할 때, 주고받는 것은 결국 사랑이라고 이해해야 하지 않을까?

이 모든 것 위에 사랑을 더하라 이는 온전하게 매는 띠니라(골 3:14)

목적과 수단, 주와 객

그러나 자족하는 마음이 있으면 경건은 큰 이익이 되느니라(딤전 6:6)

잠시 살폈던 디모데전서로 돌아가 보자. 경건으로 '부'를 이룰 수 있는가? 경건으로 먹을 것이 생기고 입을 것이 생길 수 있는가? 성경의 사례를 종합하면 답은 "그렇다"이다. 성경엔 경건이, 신앙이, 믿음이 먹을 것이 된 사례는 무수하다. 광야의 만나 사건도 그랬고, 마라의 쓴물 사건도 그랬다, 모세는 믿음으로 바위에서 물을 터트렸고, 엘리야는 하나님께 의지함으로 먹거리를 공급받았다. 예수님의 사역에서 제자들과 사람들을 먹이시고 그들의 필요를 충족시켜 주시는 것은 빠지지 않았다. 그렇게 성경은 일관적으로 하나님이 우리에게 모든 풍요를 주시며 먹거리를 주심을 부정하지 않는다.

하지만 그 순수의 시절이 지나고, 그 모든 사례가 회색빛 기억으로 다만 오래된 성경의 글귀로 박제되고 나니. 오해가 터져 나온다. 그 오해는 우리의 죄성이 감히 성경 구절에 채색한 것이다. 경건이 먹거리가 되고, 우리의 신앙이 입을 옷이 되고, 온갖 기도와 믿음이 풍요가 되는 사실을 없이할 수 없자, 우리의 죄성은 아주 대범한 조작을 가한다. 바로 우선순위를 뒤트는 것이다. 그 구절들은, 우리의 신앙과 경건에 화답해 주신 하나님의 은혜를 기억해야 할 구절임에도 불구하고, 그 구절들을 어느덧 신앙을, 영적인 기도를, 또는 부를 얻을 '수단'으로 뒤틀어놨다.

그 좋은 부를 얻을 수단이 경건이라니, 신앙이라니! 너무나 매력적인 이야기이다. 그렇게 굳게 오해한 사람들의 판에 박힌 행위는, 자기 경건의 모양을 아주 화려하게 박제해 내는 것이다. 하지만 실로 애석하게도 그 박제품의 모습은 동일하지 않다. 저마다의 모양을 갖춘다. 그리고, 그 다름을 인지한 순간 맹렬하게 싸운다. 마치 왕좌를 두고 많은 군웅이 한바탕 전쟁을 치르는 난세와도 같다. 그 다툼은 "투기와 분쟁과 훼방"을 담은 "변론과 언쟁"의 형태로 이뤄진다. 이런 이들을 누구 하나 빠짐없이 바울은 "경건을 이익의 재료"로 생각하는 자들이라 진단한다(디모데전서 6:4-5).

사실 그렇다. 신앙 그 자체가 진정 우리의 부요함이 된다면, 신앙의 모양 그 자체를 어떠한 만능 열쇠쯤으로 형태를 갖추게 하여서, 어떤 열쇠가 더 많은 부의 근간이 되는지 싸우며 경쟁할 이유가 없다. 하나님을 사랑하고 동행하며 그분의 뜻이 나의 삶을 통해 이뤄지는 것이 진정 행복이라면, 그저 우리는 우리의 사명을 감당하며 나아가면 될 터이다. 그 과정에서, 하나님이 주시는 풍요 속에서 음식과 마실 거리를 나누고 행복과 사랑 안에서 깊은 사귐을 가지면서 말이다.

디모데전서에서 바울이 묘사한 현상은 분명히도 주와 객이 뒤틀렸기에 발생한 일이다. 경건이 우리에게 큰 이익이 되는 것은 분명하다. 그 이익엔 큰 사역을 감당할 돈도, 일용할 양식이 될 훌륭한 음식도, 또 때마다 우릴 입히는 옷도 포함되어 있다. 그렇다. 그것은 **부**로 표현해도 모자람이 없는 것들이다.

하지만 순교를 앞둔 바울이, 험한 세상에, 어려운 사역을 감당해야 할 디모데에게 전하고 싶었던 메시지는, 경건이, 신앙이, 하나님과의 사랑이 **주**가 되어 우릴 부요케 하는 원리다. 그 모든 그리스도인의 좋은 가치가 **객**으로써, '부'를 이룰 수단이 될 순 없다고 확언한다.

우리 신앙이, 경건이, 부를 이루기 위한 수단이 아니란 사실이 지목하는 아주 중요한 메시지가 있다. 바로 돈과의 관계에서 우리는 누가 **소유자**(owner)인지 분명히 해야 한다는 점이다. 다시 말해, 진정한 의미에서 돈을 소유(Take Ownership)해야 한다.

돈의 주인이 된다는 것은 매우 중요하다. 재물을 대하면서 그것을 온전히 소유하지 못할 때가 많다. 내 사명과 뜻을 이루기 위한 **오멜**과 그 모든 상황에서 자족하는 마음으로 살아가고 돈은 내 뒤를 따라야 할 텐데, 실제론 돈만 따라다니다가 오멜이고, 자족이고 다 내팽개친다. 이는 우리가 일상을 영위하고 미래를 준비할 충분한 재원이 없기에, 우리가 '궁핍'을 겪고 있기에 그럴 수도 있다. 하지만 대다수는, 그 궁핍에서 벗어나도 옛 습관을 버리지 못한다. 참으로 애석하게도 그런 습관은, 돈을 아끼는 것에도 도움이 안 되고, 돈을 활용하여 기쁨을 누리는 것에도 아무런 도움이 안 된다. 그런 경우, 돈을 관리하고 투자하여, 인플레이션을 방어하거나, 효용이 있게 사용할 수도 없다. 그저 돈으로 인한 '불안'과 돈에 대한 '걱정'만 늘 뿐이다. 이후 장에서 다루겠지만, 투자의 경우도 실상은 내가 오늘 쥔 돈을 **포기**함에서 시작한다. 따라서 진정한 의미에서 돈의 주인이 되지 못하면, 투자조차 하지 못한다. 그리고 실로 애석하게도, 현대 시장경제는 돈을 '포기'하지 못해, 그것을 활용하지 못하는 사람들 모두에게 **인플레이션**이란 이름의 불이익을 준다. 이 점에 대해선 5장에서 더 나눠보도록 하겠다.

    사람은 심리 기저에 돈을 쓸 때 죄책감을 느낀다고 한다. 하물며 오늘 확실히 가진 돈을, 미래의 불확실한 이익을 위해서 '포기'한다니? 가능하지 않다. 심지어 물리적으로 만져지는 화폐를 포기해서, 보이지도 않고 만져지지도 않는 사람의 마음을 얻을 기회를 산다니?

    이는 돈이란 것이 그만큼 소중하고 중요하게 느껴지기 때문이다. 앞서 나눈 바와 같이 돈엔 내재가치가 없으나, 그것을 얻기 위해서 우리는 노동을 감내하고 시간과 노력을 쏟는다. 그 결과 그것엔 우리의 삶이란 의미가 담긴다. 그렇기에 돈을 허투루 사용하는 것에 대해 거부감을 가지게 되는 것이다. 따라서 최저가를 검색하곤 한다. 할인! 그래 할인만큼 더 좋은 게 있을까? 기존 가격에서 낮은 가격으로 구매한다면 그 소비의 죄책감이 다소 희석된다. 세상에서 제일 재미있는 게 돈을 쓰는 것이라는 말이 있다지만 그 말이 무색하게도 우린 돈을 사용하는 죄책감과 싸워왔다. 다소 우습게도 이 돈을 사용한다는 죄책감은, 소비의 순간에 돈을 직접 눈으로 보지 않으면 다소 해소된다. 그래서 카지노에선 조악한, 마치 장난감 같은 플라스틱 칩으로 돈을 교환해 준다. 이는 고객 편의를 위함도 있지만, 실제론 현금으로 도박한다면 쉬이 걸 수 없는 액수를 걸도록 해준다는 행동경제학적 연구가 뒷받침한다. 마찬가지로 현금으로 소비할 때보다 신용카드나 온라인 결제로 구매할 시 소비가 더 늘어난단 연구 결과도 있다. 이 부분에서 우린 신비한 점을 발견한다. 우린 돈 그 자체를 좋아하고 품고 있고 싶어 한다. 또 만 원을 얻는 기쁨보다, 만 원을 잃는 아픔이 더 크다는 발견도 있다.

이쯤이 되니 우리는 모두 돈을 사랑하기에 적합한 본성을 지닌 것만 같다. 앞서 돈을 사랑하는 우리의 현실을 인정함이 돈을 활용하는 시작점이라 했다. 그래, 돈을 사랑하는 마음은 이미 인정했다. 그렇지만 이제 문제가 되는 점은, 바로 그 사랑의 깊이와 정도이다. 그저 인지만 한다고 해서 그런 사랑을 없이하긴 무척 어렵다. 깊이 사랑하는 연인을 쉬이 떠나보낼 수 없는 것을 상기해도 좋다. 우린 그만큼 돈을 깊이 사랑하고 있으니까.

이 사랑에 대해서 알면 알수록 상황이 좋아지지 않는다. 다만 우리가 안고 있는 문제가 얼마나 커다란지 깨달을 뿐이다. 돈이 주는 온갖 효익과 편익은, 우리가 돈을 사랑하는 시점에 돌변하여 우리에게 큰 손해를 끼치는 부작용이 되어버린다.

수단을 사랑한다는 것

그런데, 돈을 좀 사랑한다고 해서 큰 문제가 있을까? 살펴보고 나니까, 우리 모두 돈을 사랑한다. 괜한 내숭 떨지 말고, 그냥 그 점을 인정하고 넘어가면 어떨까? 괜히 야수니, 뭐니 온갖 이름을 붙여가며 우리가 굳이 싸워야 할 이유라도 있는가? 하지만 수단을 사랑한다는 것은, 생각보다 큰 문제를 발생시킨다. 이번엔 수단을 사랑하게 된다면 무슨 일이 벌어질지 이야기해 보자.

수단을 사랑하는 삶의 모양은, 고전 명작소설 **크리스마스 캐럴**의 주인공인 **스크루지**가 잘 표현했다. 그는 돈 그 자체를 사랑하는 인물로, 돈을 모으는 것에 방해되는 요소는 그의 인생에서 가차 없이 제외하여 평생을 독신으로 그저 돈만 쥔 채 살아간다. 그 덕에 인망이랄 것도 없고, 그를 좋아하는 사람도, 그가 사랑하는 이도 없다. 그가 돈에 집착하게 된 연유는, 어릴 때 경험한 끔찍한 가난 때문이었다. 그것이 트라우마가 되어 어느덧 돈이 최우선이 된 것이다. 불행을 피하려고 돈을 벌어야 했던 그는, 도리어 그 집념으로 돈 빼곤 아무것도 남지 않은 자가 되고 말았다.

후에, 디즈니에서 그를 캐릭터화한 **스크루지 맥덕**이 이를 잘 묘사했다. 그는 대단한 부자로 금화와 지폐가 가득 들어찬 풀장을 만들어 그곳에서 수영하는 것이 취미인 자로 역시 돈 그 자체를 사랑하는 모습을 만화로 표현했다. 그는 그저 돈만 있으면 행복하다. 그의 취미도 그의 오락도 그의 행복도 돈이란 것만 존재하면 해결된다. 그야말로 그는 무인도에 돈만 가지고도 생존을 해내는 흥미로운 캐릭터. 하지만 그것은 만화 캐릭터이기에 가능하다. 실제로 우리는 그렇지 못하다. 사람은 참으로 복잡하고 입체적인 존재로 돈을 쌓아놓는 것만으론 생존할 수 없을 뿐만 아니라 행복할 수도 없다.

결국, **사람**인, 크리스마스 캐럴의 주인공 스크루지 영감은 크리스마스에 경험한 어떤 신비한 체험을 통해서, 자신의 현 상황을 자각하고, 자신의 삶을 원하는 방향으로 되돌리는 **회심**을 경험한다. 그 체험에서 그가 말년에 가졌던 근원적인 두려움이 드러난다. 자신이 죽으면 그 돈을 물려줄 대상은 없으니, 결국 다 빼앗기고 말 것이다. 그리고 돈이 없다면 사람들이 자신을 무시할 테니, 무덤가에서 슬퍼해 줄 사람도 없을 것이란 공포였다. 그 **미래**를 바꾸기 위해, 자신의 삶을 바꾼다. 돈이 모든 우선순위를 지배하기에, 모든 삶의 요소를 희생해야 하는 처지에서 벗어나, 진정한 가치를 추구하며 관계를 개선하기에 이른다. 덕분에 그가 더욱 행복해졌단 것은 말할 것도 없다.

　이를 단순히 어떤 종교적이고 도덕적인 교훈을 주기 위한 우화로 치부하기엔 담긴 내용이 제법 깊이가 있다. 이는 비단 어린아이뿐만 아니라, 어른도 진지하게 생각해 볼 메시지가 담긴 이야기다. 우리도 때론 수단이 목적이 되는 사고의 함정에 빠지곤 하기 때문이다. 돈은 유용하다. 우린 우리의 생각보다 돈을 중요하게 여긴다. 돈이 주는 효익은 지대하다. 그렇기에 더더욱 왜 돈을 원하는지, 왜 벌어야 하는지, 왜 필요한지 무엇을 하고 싶은지 성찰해야 한다. 그것의 교환가치가 제아무리 대단하다 한들 아무런 고려 없이 그저 우상화할 순 없다. 그것은 너무나 날카로운 어금니를 가졌고 끝도 없는 탐욕으로 우릴 지배하려 호시탐탐 기회를 노린다. 게다가, 아주 거만하고 교만하다. 우리가 높이면 그것은 군림한다. 반면 우리가 낮추고 통제하면, 우리에게 유용한 동반자가 된다.

　크리스마스 캐럴의 스크루지 영감에겐 어떤 거창한 사명감은 없었다. 그런데도 그는 돈에 관해서 '회심'한다. 성경을 근거한 것도 아니고, 돈이 사라진 것도 아니다. 그가 회심한 계기는 자신이 **불행**하단 것, 그리고 자신이 가진 돈에 대한 태도가 자신을 **걱정**하게 만든다는 점을 인지함에서 시작했다. 이렇듯 그 누구도 불행해지기 위해서 돈을 원하는 것이 아님은 명확하다. 모두가 행복해지기 위해서, 돈을 '필요'로 한다. 그리고 거창한 영적인 깨달음이나 종교적인 가르침이 없이도 통용되는 유용한 테스트가 있다.

"내가 가진 것으로 나는 행복한가?"

전술했듯, 일용할, 오멜이 되는 양의 것을 넘어선 돈은, 그저 쌓아두기만 한다고 추가적인 행복이 되지 않는다. 어떻게 사용하느냐가 중요하다. 그렇다면, 이젠 어떻게 사용할 때 우리가 행복해질지 고민해 보자.

행복의 총량

소비나 거래의 손익 계산은 어렵지 않다. 단순히 돈을 지불하고 얻은 가치 혹은 효용과 그를 위해 내가 지불한 가격을 비교하면 된다.

> 거래의 손익 = 구매한 것의 가치 - 지불한 돈

하지만 여기에 실질적인 효익, 행복 등을 적용하면 좀 더 복잡한 이야기가 된다. 각자가 바라는 행복, 각자가 누리고자 하는 효익은 다르다. 그것들은 주관적인 요소다. 따라서 그것을 굳이 규정하고 규격화할 필요가 없다. 각자의 인생이 있듯, 각자의 행복이 있는 법이며, 따라서 돈의 쓰임새와 사용처는 모두 저마다의 모습이 있는 법이다. 이는 자유를 의미하기도 하지만 한편으론 영원한 굴레의 근거가 되기도 한다. 시장의 상황에 따라서 돈을 버는 법, 구직하는 법, 투자하는 법을 수강하고 습득하고 전수할 수 있지만, 돈을 활용하고 사용하는 법에 대해선 좀처럼 누군가의 지식과 삶을 답습할 수 없다. 다시 말해 돈의 쓰임새, 돈의 사용처와 방향성을 결정하여 그것을 통해 어떻게 **행복**

의 양을 일상에 늘려나갈 것인지는 개개인의 사유로 결정해야 한다.

지면에 단어만 나열했을 땐 쉬운 이야기 같다. 하지만 실질적으로 무엇이 나를 행복하게 하는지, 어떻게 나의 소중한 사람들의 행복 총량을 늘릴 수 있을지 구체적인 방안을 찾으려면 그만큼 어려운 것은 없다. 돈에 대해서 우리가 충분히 생각하고 있지 않는 만큼, 행복이란 것도 충분히 생각하고 있지 않기 때문이다. 매우 많은 경우, 우린 그저 사회나 타인의 인식이 만들어 낸 행복의 기준으로 스스로 행복을 측량한다. 하지만 나의 행복은 누군가가 정해주지 못한다. 나의 행복은 내가 규정하고 찾아야 하며 이해해야 한다.

돈은 현대 사회에서 매우 중요하고 필수 불가결한 요소다. 그리고 그 돈의 효익을 누리고 발생할 수 있는 부작용을 억제하기 위해서는, 행복에 대한 이해가 전제하여야 한다. 돈과 행복은 참으로 어려운 주제이며 주관적이다. 따라서 누군가 대신 나에게 알려줄 수 없다. 다만 이제부터 그것들에 대해서 고민하고 또 생각하고 진지하게 따져보도록 하자.

"돈을 쓰는 것처럼 쉬운 것은 없다", "돈을 쓰는 그것만큼 재밌는 것은 없다"라는 말이 있지만, 이는 충분한 고려를 거치지 않고, 허투루 소비하였을 때만 통용되는 말이다. 의미 있게 사용하는 것은 인생의 다른 부분만큼이나 실로 어렵고 고된 작업이다.

무엇이 나를 행복하게 할까? 무엇이 내가 사랑하는 이들을 행복하게 만들까? 앞서 2장에서 이총명 씨와 무분별 씨가 돈을 소비하는 사연을 통해, 같은 양의 돈이라 할지라도 사용하는 방법에 따라서 그 가치가 변함을 발견했다.

그 사례에서 이총명 씨는 소비로 가치 있는 효익의 양과 사랑하는 이들의 행복 양을 증진하였다. 반면 무분별 씨는, 자신뿐만 아니라, 자신이 사랑하는 이들에게 아픔을 안겼다. 이처럼 돈을 활용하는데 우리가 진정으로 고려할 점은, 구매할 상품의 스펙이나 가성비만이 아니다. 과연 나의 일상을, 내 행복의 양을 어떻게 변화시킬지이다. 행복의 총량을 고려하며 소비와 투자, 그리고 관리 등을 결정해 나간다고 하더라도 완전할 수 없다. 하지만, 여전히 인식하고 상고하는 것과, 전혀 생각하지 않는 것은 큰 차이가 있다.

> 행복의 총량 =
> 소비로 증진된 행복의 양(얻는 것) -
> 소비로 포기한 기회비용(포기하는 것)

소비 활동에 따라서 변동되는 행복의 총량을 수식화한다면 단순하게 표현할 수 있다. 모든 거래에는 얻는 것과 잃는 것이 있다. 세상엔 공짜가 없기 때문이다. 무언갈 얻기 위해선, 무언갈 사기 위해선, 무언갈 내어준다. 행복의 총량이 중요하다면, 그리고 그 행복의 총량은, 결국 소비로 인해 우리 삶이 어떻게 변하느냐로 결정된다면, 우리가 돈을 뜻있게 활용하기 위해 생각해 봐야 할 요소들이 도출된다.

우선 행복이다.

놀랍게도 우리가 돈을 가치 있고 의미 있게 활용하기 위해선 나를 먼저 알아야 한다. 특히 내가 무엇에 행복한지 깊이 생각해 볼 필요가 있다. 매츠를 위시한 학자들은, 2016년에 진행한 설문 결과를 통해, 우리의 성격 (personality, 사회적 성향, 개성)에 걸맞은 방식의 소비는 행복도를 증진한다고 발견했다. 특히 타인을 위해 쓰거나, 경험을 구매하는 방향으로 소비하는 경우 행복도를 증가시켰다. 지피지기(知彼知己)면 백전불태(百戰不殆 : 적을 알고, 나를 알면, 백 번 싸워도 위태롭지 않다)라는 병서의 한 구절이, 돈에 대해서도 마찬가지다. 나를 알지 못하면, '소비로 증진된 행복의 양' 항에 대입할 가치를 써넣을 수 없다.

다음으론 '돈'이다.

특히 그중에서도 **기회비용**이다. 우리가 해당 소비를 결정함으로 포기하는 효익의 총량을 이야기한다. 여기엔 명시적으로 사용한 돈의 '액수'와 암시적으로 사용한 '기회비용'을 포함한다. 그리고 그 요소들을 종합했을 때, 우리는 행복의 총량을 도출하여 이윽고 소비를 통해 가감되는 행복을 고려해 볼 수 있다. 그렇기에 우리는 돈에 관해서도 행복을 생각하고 또 우리 자신에 대해 생각한다. 이렇게 나누고 나니까, 마치 돈만 알아선 돈을 알 수 없는 것만 같다. 나를 알지 못하면, 또 사회를 이해하지 못하고 주변인들에 대해서 무지하면, 결국 돈에 대해서도, 그것을 어떻게 뜻깊게 써야 할지도 모르는 것만 같다. 그리고 그것이 실제로 그렇다는 것을 5장에서 관리에 대해 나누며 다뤄보도록 하겠다.

또 참으로 나와 멍에를 같이 한 자 네게 구하노니 복음에 나와 함께 힘쓰던 저 부녀들을 돕고 또한 글레멘드와 그 외에 나의 동역자들을 도우라 … 주 안에서 항상 기뻐하라 내가 다시 말하노니 기뻐하라(빌 4:3b~4)

약속하신 부

성경, 돈을 이야기하다

5장

관리 manage

왜 관리인가? : 가장 강력한 투표용지

교회 정치 시스템은, 원칙적으로, 신정(Theonomy)이다. 하지만 현대의 기독교는 민주주의와 시장경제로 운영되고 있다. 이제 목회자가 전하는 메시지가 성경적인지 혹은 하나님의 뜻에 부합한 지는 부차적인 것이 되었다. 우리는 헌금 봉투를 투표용지 삼아 표를 행사한다. 내 귀에 듣기에 옳은 소리를 하는, 내 눈을 즐겁게 해주는 예배가 있는, 내 마음에 합하는 행사가 있는, 내 몸이 기뻐하는 활동이 있는 예배당에 표를 행사한다. 그 표를 받은 목회자는 곧 왕이 되어 통치한다.

자, 이제 우리가 사는 이 땅의 교회는 우리가 세운 왕들로 충만하다. 그리고 이러한 구조는, 이단 사이비들에 더 없는 기회를 안긴다. 그들의 눈엔 작금의 상황이 별천지란 생각이 들 터이다.

몇몇은 더없이 가볍고, 몇몇은 타락했으며, 몇몇은 부패했고, 더러는 선한 의인이나, 일부는 성경이 아닌 심리학이나 자기 개발학을 설파한다. 그리고 그들은 남김없이 우리가 낳은 우리의 자녀들이다. 우리가 세운 우리의 왕들이다. 그들이 부패했건 무지하건 신앙이 삐뚤어졌건 도덕적인 결함이 있건, 그들은 우리의 자화상이다. 우리가 사랑하고 우리가 편애하고 우리가 지지한 것들의 결과가 그들이다.

돈은, 앞서 살핀 통화 창출 과정과도 같이, 우리의 신뢰와 믿음이 만들어 냈고, 우리의 사회는 그 돈을 쌓아서 형성되었다. 심지어 어떤 기업이 존속하고 성장할지, 또 어떤 이가 우리의 왕이 되어 군림할지도 **돈**이 결정한다. 통화 창출의 과정에서 돈을 만든 것이 우리의 믿음이라면, 사회란 것은, 기업이라 는 것은, 위정자라는 것은 결국 우리의 믿음을 통해서 만들어진 것이 아니라 면 대체 무엇이란 말인가? 그렇다. 그리고 이는 단순히 민주주의 사회만을 말 하는 것이 아니다.

우린 매일 투표한다. 현대의 시장경제 체제는 매일 매일 선거를 진행한다. 이를 알아차리기 어려운 것은, 선거운동은 **광고**란 현란함으로 포장하고, 투 표용지는 **돈**으로 대체했기 때문이다. 우린 마트에서 장을 보면서 단순히 생 필품의 거래만 하지 않는다. 무엇이 존속할지 돈을 지불하며 **결정**한다. 그렇 다. 우리 사회의 요소, 기업이건, 상품이건, 책이나 문화 콘텐츠건, 오로지 우 리가 **지불**한 것이 생존하고 나머지는 도태된다. 이처럼 우리에겐 아주 강력 한 힘이 쥐어져 있다. 성경엔 이러한 현상에 적용할 원리가 이미 담겨있다.

> 내가 이 일들을 인하여 벌하지 아니하겠으며 내 마음이 이같은 나라에
> 보수하지 않겠느냐 여호와의 말이니라 이 땅에 기괴하고 놀라운 일이
> 있도다 선지자들은 거짓을 예언하며 제사장들은 자기 권력으로 다스리
> 며 내 백성은 그것을 좋게 여기니 그 결국에는 너희가 어찌하려느냐(렘
> 5:29~31)

일반 군중은 거짓 선지자에게 속은 **피해자**라 생각한다. 하지만 매일 매일 무엇이 존속할지 가상의 '투표'를 진행하는 것은 비단 시장경제부터 시작된 것이 아니다. 시장경제는, 그리고 돈은, 그것을 더욱 광범위하게, 더욱 빈번하

게, 더욱 다양한 분야로 확대했을 뿐이지. 인류사회의 본질은 고스란히 남아
있다.

구약에 묘사한 이스라엘사를 관조하다 보면, 어떤 어린 생각이 들곤 한다.
하나님이 거짓 선지자들을 막아주셨더라면, 그들만 말끔히 제거해 주셨더라
면, 그들에게 속는 '피해자'가 없었을 것이라고 오해하곤 한다. 하지만, 실로
애석하게도, 실로 괴롭게도, 더없이 아프게도, 실상 피해자는 존재하지 않는
다. 그들은, 아니, 우리는 지지를 보냈다. 우리의 사랑과 우리의 경청으로, 때
론 우리의 박수갈채로, 기어코 진토에서부터 '거짓 선지자', '폭군' 등 모든 못
된 단어로 지칭하는 자들을 만들어 냈다.

그들은 모두, 대중에서 골라낸, 그리고 대중이 다 함께 합심해서 키워낸,
우리의 "자녀"다. 그저 그들만 말끔히 제거하여도, 아주 효율적인 사형대를
개발하여 **기요틴**(guillotine, 프랑스 혁명 때 발명한 사형집행기구)에 세워도,
그다음 차례에 있는 자가 자리를 차지한다는 것을, 우린 인류사를 통해 알고
있다.

거짓으로 끈을 삼아 죄악을 끌며 수레 줄로 함 같이 죄악을 끄는 자는 화

있을찐저 그들이 이르기를 그는 그 일을 속속히 이루어 우리로 보게 할

것이며 이스라엘의 거룩한 자는 그 도모를 속히 임하게 하여 우리로 알

게 할 것이라 하는도다 악을 선하다 하며 선을 악하다 하며 흑암으로 광

명을 삼으며 광명으로 흑암을 삼으며 쓴 것으로 단 것을 삼으며 단 것으

로 쓴 것을 삼는 그들은 화 있을찐저(사 5:18~20)

이제 우리는 사소한 치약부터 자동차 모델과 같은 공산품, 서점에 진열될 책, 유튜브 상단에 노출될 인플루언서(influencer, SNS상에서 영향력이 큰 사람), 심지어 복음의 종류까지 정할 수 있을 만큼 대단한 **투표권**을 지녔다. 고전적인 박수갈채나 지지로 우린 매일 투표한다. 그리고 돈을 지불함으로, 존속하게 한다. 그야말로 현대문물이 키워낸 사회의 모습은, 우리가 투표한 결과로 형성된다. 우린 그다지도 대단한 권력을 손의 쥔 존재들이다. 그러므로 "속았다", "몰랐다"라는 말은 통하지 않는다.

> 창세로부터 그의 보이지 아니하는 것들 곧 그의 영원하신 능력과 신성이 그 만드신 만물에 분명히 보여 알게 되나니 그러므로 저희가 핑계치 못할찌니라(롬 1:20)
> 주인의 뜻을 알고도 준비하지 아니하고 그 뜻대로 행하지 아니한 종은 많이 맞을 것이요 알지 못하고 맞을 일을 행한 종은 적게 맞으리라 무릇 많이 받은 자에게는 많이 요구할 것이요 많이 맡은 자에게는 많이 달라 할 것이니라(눅 12:47~48)

그렇기에 우린 돈을 살폈다. 재물과 부라는 주제에 온 신경을 곤두세웠다. 돈에 대한 몰이해가 결국 사회의 타락과 그 효용에 매몰되어 황금 만능주의가 되는 현상도 돈이 우리의 투표용지이자 사회란 탑을 쌓아 올리는 벽돌이기 때문이다. 강력한 힘에는 책임이 따른다. 사회를 무너뜨리기도, 쌓아 올리기도, 사람을 죽이기도 또 살리기도, 그리고 어떤 복음이 전해질지 결정하기도 하는, 그런 강력한 무기를 쥔 우리의 책임은 인류사 그 어느 때보다 더욱 무겁다.

거짓 선지자들을 삼가라 양의 옷을 입고 너희에게 나아오나 속에는 노략질하는 이리라(마 7:15)

기회비용

오래전 미국에서 금연에 관한 아주 흥미로운 공익광고를 방영했다. 편의점에 한 손님이 들어와 직원에게 담배를 한 갑 달라며 계산대에 돈을 내려놓는다. 그러자 직원은 돈이 부족하다는 듯 고개를 가로젓는다. 그러자 손님은 초조한 듯 주머니를 다 털어 꼬깃꼬깃한 지폐와 동전까지 내어준다. 그럼에도 직원은 여전히 고개를 가로젓는다. 고객이 잠시 주춤거리더니, 자기 생이를 뽑아낸다. 그리고 계산대에 얹는다. 그제야 직원은, 고개를 끄덕거리며 담배를 건네준다. 그리고 암전된 화면에 한 문장이 떠오른다. "진정 지급해야 하는 가격."

이는 기회비용뿐만 아니라 우리의 소비를 이해할 아주 흥미로운 사실을 담았다. 우린 구매 과정에서, 그러니까 돈을 쓰는 과정에서 그저 가격표에 적힌 액수만 내지 않는다. 그곳엔 암묵적 비용이 도사리고 있으며, 우리가 생각하는 기회비용은 실상 상당히 크다.

앞서 우린 행복의 총량을 고려하여 소비해야 한다고 나눴다. 행복의 총량은, 소비를 결정함으로 우리가 얻은 행복의 양과 그로 인해서 포기한 '기회비용'의 차액으로 계산한다. 그러기에, 우리의 기회비용, 그러니까 '포기'하는 것들에 대한 이해가 없다면, 행복의 총량도, 돈을 쓸모 있게 하는 것도 불가능하다.

그래서 종종 기회비용은 돈의 정수(精髓 essence) 그 자체라는 표현을 쓰기도 한다. 왜냐하면 우린 돈을 활용할 때마다 늘 무언가를 포기하기 때문이다. 포기가 없다면 돈을 사용한다는 개념이 존재할 수 없다. 거래도 불가능하며, 관리도, 투자도 불가능하다. 그러므로 우리가 무언가를 포기하는지 백안시한다면, 돈을 관리하지 못할 뿐만 아니라, 돈으로 누리는 효익조차 얻을 수 없다. 게다가 매번 손해만 보고 살게 된다. 따라서 우리가 행복에 대해 이해하는 그것만큼이나 중요한 것은, 바로 기회비용에 대한 이해다.

기회비용 = 명시적 비용 + 암묵적 비용

이는 기회비용을 단순화한 식이다. 일반적으로 이 기회비용을 계산하는 식을 설명하기 위해서 교과서엔 일상적 예를 활용한다. 그 유명한 애인과 영화 데이트를 할 때의 기회비용 문제다.

"애인과 영화 데이트를 하는 것엔 10만 원과 4시간이 소요된다. 그 시간에 집안일을 도우면 2만 원의 용돈을 받을 수 있다. 아르바이트한다면, 5만 원을 번다고 해보자. 그렇다면 기회비용은 얼마인가?

이에 대해 교과서 해설지를 따라 답변해 보자.

- 명시적 비용: 데이트 비용인 10만 원
- 암묵적 비용: 데이트를 포기하고 고를 수 있는 선택지 중에 가장 많은 이익을 얻을 수 있는 5만 원
- 기회비용: 둘을 더한 15만 원

결과적으로 정답은 15만 원이 되겠다. 이에 따르면 '15만 원과 데이트를 통해 얻을 효익, 그러니까 애인과의 추억, 사귐, 즐거움 등을 비교하여 선택한다'가 그 적용이 되겠다. 이는 명시적인 비용과 암묵적인 비용을 구분해 내고, 기회비용의 개념을 이해했는지 확인하기엔 매우 적합한 문제이다.

하지만 이 자체에 만족하고, 우리의 페이지를 다음 장으로 넘기기엔, 현실에서 우리가 만나는 고민스러운 기회비용의 문제는 훨씬 복잡하다. 그리고 참으로 애석하게도 치명적으로 중요하다. 돈은 소중하다. 돈을 벌기 위해서 우리가 희생하는 삶의 요소는 더없이 크다. 그런데 그런 돈을 허투루 쓰다니. 이는 어쩌면 돈을 단순히 소비하는 게 아니라, 우리의 삶, 우리의 눈물, 우리의 아픔, 우리가 감내해야 했던 것들을 낭비하는 것과 동의어로까지 생각된다. 앞서 다룬 바와 같이, 돈은 삶의 요소들, 그리고 자원과 재화의 가치를 상징하고 있기에 그렇다.

베스트셀러 작가이자, 듀크 대학의 심리학 그리고 행동경제학 교수인 댄 에리얼리는 한 인터뷰에서 흥미로운 경험담을 공유했다. 그는 한 자동차 브랜드의 판매지점을 찾았다. 그리곤 자동차를 구매하려는 고객들에게 물었다.

"차를 사러 오셨군요? 그런데, 자동차를 구매하면서 포기해야 할 기회비용에 대해서 생각해 보셨습니까?"

하지만 즉답을 하는 사람은 극히 소수였다. 대부분 사람은 머뭇거리며 한동안 골똘히 생각해야 했다. 대다수 사람은 기회비용에 대해서 생각해 보지 않았기 때문이다. 그리고 아주 흥미롭게도 많은 사람은 그렇게 고심하다 대부분 이런 **틀린** 답을 했다고 한다.

"A사 차를 사려고 왔으니, B사의 자동차를 살 기회를 포기한 거겠죠."

댄 에리얼리에 따르면, 이런 답은 기회비용 대한 아주 중요한 오해를 함의하고 있다. 그가 기대했던 '정답'은 동급의 범주에 속한 자동차 모델 간 성능 비교나, 브랜드 선호도, 또는 가성비에 대한 것이 아녔다. 그가 기대했던 답은, 그들의 삶에 큰 영향을 주는 더 근본적인 가치였다. 그가 덧붙인 말엔 기회비용의 정의와 함께 이것이 왜 중요한지가 잘 담겨있다.

"그렇죠. 그게 일반적인 반응입니다. 하지만 그것은 진정한 의미에서 기회비용을 놓치고 있어요. 가령 차를 바꾼다고 생각해 봅시다. 특정 차의 기회비용이 뭐냐고 물으면 보통 그 차를 삼으로 인해서 사지 못하는, 동 가격대의 차를 이야기하죠. 하지만 진정한 기회비용은, 신차를 삼으로 인해서 줄어들 당신의 노후 자금, 혹 가족과 해외여행을 갈 기회, 또는 늦춰지는 은퇴 시기입니다."

이는 기회비용이라는 것은 단순히 계산하기 어렵고 훨씬 복잡다단한 이면이 존재함을 의미한다. 돈이란 것은 이처럼 사람을 고민하게 한다. 그리고 그러한 고민은 깊어지면 깊어질수록, 하면 할수록 돈이면 다 된다는 세상에서 우리의 마음, 아니 심지어 부를 지키는 매우 중요한 역할을 한다. 그의 의견에 따르면, 기회비용에 대해서 충분히 상고한 사람들은 좀 더 구체적인 답을 해야 했다.

"오늘 차를 산다면, 향후 5년간 3주 정도의 가족여행을 줄여야 하겠네요."

"나는 대출을 다 갚을 때까지 매년 70잔의 커피와 20편의 영화 외에도 몇 가지 취미생활을 포기해야겠군요."

현대 사회에서 돈은 꼭 필요한 도구이며 아주 유용한 도구다. 그런데 그 도구를 도구로써 제대로 활용하기 위해선 고민할 것도 많고 알아볼 것도 많다. 하지만 이는 참으로 어려운 일이다. 그래서 우린 기회비용을 오해하거나 아예 숙고조차 하지 않고 매일 돈뿐만 아니라, 재화와 기회를 사용한다.

신앙인들에게 이는 단순히 **돈** 문제가 아니다. 실로 애석하게도 성경 또한 기회비용에 관한 이야기이기 때문이다. 기회비용이란 개념을 이해하지 않고서는, 성경 인물이 겪었을 외면적, 내면적 갈등을 다 이해할 수 없으며, 그들이 믿음으로 무엇을 포기하고 무엇을 붙잡았는지 명확하게 와닿지 않는다.

치밀하고 세밀하게 따져야지만 비로소 드러나는 감춘 보화와 같은 이야기들이 성경엔 산재하다. 가령 노아의 이야기만 보더라도, 문자적으로 건조하게만 본다면, 노아란 자가, 물로써 세상을 심판하신다는 하나님의 응답에 **동의**한 이야기가 된다. 하지만 그 '동의' 이면에 담긴 건 **믿음**이었다. 그리고 믿음은, 바울의 표현처럼 "복종하여 두렵고 떨림으로" 믿음에 합당한 삶을 살도록 한다(빌 2:12~18). 또 야고보의 표현처럼, 그 믿음에 합당한 행위를 낳는다(약 2:14~26). 이 믿음이 강력한 행위를 낳는 원동력은 다름 아닌, 하나님이 우리의 조악한 '믿음'조차 **의**로 여겨주신 덕분이다(창 15:6; 갈 3:6; 롬 4:3; 약 2:22~26). 그리고 그 믿음에 걸맞은 **행위**란, 늘 기회비용을 가져온다. 노아와 노아의 가족들은, 믿기 때문에, 자신들의 기회비용을 포기하고, 방주에 오랜 세월과 자원을 투입하여 하나님의 명령을 이행했다.

노아의 사례에서 우리 삶에 적용할 교훈은 실상 그의 기회비용을 탐구하며 발생한다. 우리도 전지전능하시며 실수가 없으신 하나님의 명령에 **동의**해야 함을 모르지 않는다. 당신께서 이루실 일을 반드시 이루시는 분의 말을 신뢰해야 함을 안다. 하지만 신앙은, 믿음은, 앎의 영역에서 끝나지 않는다. 동의의 영역(아멘)에서 그치지 않는다. 예수께서 주신 두 아들 비유처럼, 포도원에 가서 일을 해달란 아버지의 부탁에 '동의'하고 실천은 하지 않은 자녀가 아닌, 비록 '동의'하지 않았더라도 결국 아버지 뜻에 따라 **실천**한 자녀가 아버지 마음에 합한다(마 21:28~31).

그렇기에 노아와 노아의 가족들은 사람들의 조소와 조롱을 무릅쓰고, 방주를 건설하기 시작했다. 단순히 노동력, 돈, 자원뿐만 아니라, 그들의 기회비용엔 그들의 삶도 담겼다. 방주의 기회비용은, 그 목재로 건설할 수 있는 집이나, 가구가 아니다. 그들은 다른 삶을 살 수 있었을 터다. 하지만 그들은, 진정 **믿기** 때문에, 하나님께 순종하지 않는 삶은 생각하지도 못했다. 그들이 포기한 온갖 좋은 것들과 그들의 설움과 고뇌는 비례한다. 베드로의 표현에 따르면, 노아의 방주는 구원의 예표다(벧전 3:20). 그리고 그에 걸맞게, 노아의 방주도, 예수님의 십자가처럼, 눈물과 피로 얼룩진 인내의 결과이다.

믿음으로 노아는 아직 보지 못하는 일에 경고하심을 받아 경외함으로 방주를 예비하여 그 집을 구원하였으니 이로 말미암아 세상을 정죄하고 믿음을 좇는 의의 후사가 되었느니라(히 11:7)

성경 서사 이면에 담긴 사람들의 **기회비용**을 살피는 것은, 근원적으로 그들의 슬픔을 살피는 일이다. 믿었기에 그들이 감내했던 인내를 꼼꼼히 곱씹어 보는 행위다. 그리고 그들의 삶에서, 그들의 처지에서, 그들이 결국 믿음으로 이겨낸 이야기를 통해서, 우리도 준비할 수 있다. 우리가 우리의 삶에서 마주할 '기회비용'들을 살필 수 있다.

왜 믿는데 상실한 거 같을까? 왜 믿는데 잃은 거 같을까? 혹여 내가 잘못 살고 있는 거 아닐까? 우리는 우리의 영적 처지를 성경의 인물들을 대하는 눈빛으로 본다. 성경 인물을 냉소적으로 바라보면 나의 영적 처지도 마찬가지로 살핀다. 죄와 선이라는 이분법적인 관점으로 성경을 해석하는 것이 익숙하면, 결국 나의 삶도 그런 눈으로 보게 된다. 조금 더 따스한 눈빛으로, 좀 더 세심한 눈길로 주님이 사랑하시는 성경의 인물을 살피면, 결국 나는 나의 영을, 내 내면을 이윽고 따스하게 본다. 그리고 우리 스스로가 자아낸 질문에 답할 수 있을 터다.

"믿기에, 나도 내려놓은 것이 있었구나!"

믿어도 때론 상실이 삶에 있는 것이 유기(遺棄 버림받음)를 의미하지 않음을, 오히려 내가 진정으로 **믿고** 있다는 강력한 방증임을 잊지 말기를….

돈을 관찰해선 돈을 알 수 없다

수전노란 경멸의 표현이 있다. 돈밖에 모르는 자라는 의미이다. 앞에서 다뤘던 스크루지 영감도 이런 전형이라 할 수 있다. 이를 보고 돈에 관한 관심이 과도하면 그 외 것들에 대해서 무지해진다고 여길 수도 있다. 그래서 스크루지 영감의 사례를 **돈**에 너무 관심을 가져서 발생한 일로 오해한다. 사회성도 휘발되고 그 결과 삶의 요소요소 알지 못한다고. 하지만 돈에 대해서 제대로 이해하는 것은 우리를 사회와 세상 물정 그리고 사람들의 마음을 무지하게 만들지 않는다. 오히려 돈에 관한 생각이 우리로 하여금 삶의 요소들을 두고 상고하게 한다. 그것에 행복이 결부되어 있고, 또 선택이란 요소가 아주 커다란 변수를 창출하며, 다양한 심리적 기저가 작용함을 아는 사람들이 돈에 대해서 생각하면 소위 말하는 **물리**(物理 모든 사물의 이치)가 트일 수도 있다.

"You see, but you do not observe"

역사상 가장 유명한 추리소설의 주인공 셜록 홈스의 말이다. 같은 대상을 두고도 훨씬 많은 것들을 셜록 홈스가 발견해 내자, 시력이 우수함에도 그러지 못해 당혹감을 느낀 상대에게 "자네는 보긴 하지만, 관찰하지 않는다네"라며 대답한 것이다.

보는 것과 관찰은 그 외견은 같을지언정, 꽤 커다란 결과적 차이를 만든다. 관찰(observe)의 사전적 의미는 '주의하여 잘 살펴보는 행동'이다. 보는 것이 그저 행위를 묘사한 단어라면, 관찰은 어떤 문제의식을 품고 살피는 장면이 연상된다. 그 세심한 노력의 결과로 무언가를 도출해 내기 위한 과정이니, 문제의식이 없다면 제아무리 대단한 발견도 그저 스쳐 지나갈 뿐이다.

평소에 그저 보던 것들을 관찰하기 시작했을 때 그전에는 미처 발견하지 못한 요소들이 비로소 인식된다. 그렇다면 돈을 알아보기 위해서 돈을 관찰하는 게 왕도 아닐까? 하지만 애석하게도 우리가 일반적으로 돈으로 지칭하는 지폐, 그러니까 만 원권이나 오만 원권을 꺼내 살펴봐서는 돈에 대한 극히 일부의 사실만 알 수 있다.

물론 지폐에도 많은 정보가 담겼다. 이는 최첨단 기법과 과학기술로 만든 위조 방치의 집약체이다. 특수한 광선에 노출하면, '용비어천가'의 글귀나 멋진 수묵화가 떠오른다. 한때 돈을 관찰하여 다양한 숨겨진 요소들을 찾는 것이 인터넷상에서 유행했다. 홀로그램, 일련번호, 은띠, 숨은 그림 등, 위조 방지를 위해 숨겨진 요소가 십수 가지가 있고, 아직 대중에 공개되지 않은 요소까지 포함하면 수십 가지라 한다. 하지만 그조차 돈에 대한 이해를 주기엔 턱없이 부족하다. 돈의 재질, 촉감, 형태, 냄새 등에 대한 정보를 안다고 돈에 대해서 알 순 없기 때문이다. 그저 빙산의 일각일 뿐, 우리가 알아야 하고 알고 싶은 돈의 속성은 저 아래 심연에 아주 커다랗게 자리한다.

좀 더 관찰하고 숙고하면 화폐에 그려진 인물을 통해 엿 볼 수 있는 국가의 위인관, 자랑스러워하는 문화재, 좋아하는 상징 따위를 알 수 있다. 이런 그 화폐를 사용하는 국가에 대한 정보, 그리고 그 국민의 문화적 측면을 이해하는 것은, 당장은 **돈**과는 직접적 연관이 없는 것으로 보일지라도 실상 우리가 알고 싶은 돈의 속성에 더 가깝다.

이는 우리가 돈에 대해서 알고 싶은 것은, 단순히 물리적 형태의 화폐 그 자체라기보다는, 돈으로 인해서 발생하는 일들, 그 영향이기 때문이다. 지폐가 몇 그램인지도 꽤 흥미로운 정보지만, 대부분 돈에 관한 질문을 통해 얻고 싶은 것은

"어떤 경위에서 사람들은 지갑을 열고 소비를 결정하는가?",

"어떻게 돈을 써야 행복의 총량이 늘 것인가?",

"어떻게 돈을 활용하면 가장 적은 위험으로 수익을 올릴 수 있는가?"

등이다.

이렇게 나열하니 돈에 대한 관찰은 실상 사회를 관찰하는 것이고, 사람들이 사는 모습을 살피는 과정이고, 그 내면 심리를 더듬어 이해하는 공부 같다. 그렇다면 돈은 마치 우리 삶을 보는 렌즈 같다.

이 책에서 비유적 의미로의 돈은, '그 속은 텅 비어 있고, 세상 만물의 다양한 요소와 자연의 가치를 담은 상징(Representation)'이라고 규정했다. 실상 돈을 관찰한다는 것은, 그 안에 담긴 인간군상들의 이야기를 파악하는 거고, 각종 자연물의 가치와 의미를 탐미하는 것이며, 돈을 가치의 척도 삼아 측량된 자원이 가지는 위상 등을 살피는 것이 된다. 돈은 하나님이 지으신 세상 만물, 특히 자연과 자원 등에 담긴 가치를 상징하기 때문이다. 그렇기에 참으로 돈에 대해서 생각한다는 것은, 결국 그 세상 만물과 자연, 그리고 자원 등에 대해 생각하는 일이다.

이는 돈을 가치 있게 활용하기 위해서 꼭 고려해 봐야 하는 기회비용에 대한 고찰에도 마찬가지다. 우린 살아가며 내리는 선택에 대한 기회비용을 파

악하기 위해서는 내게 무엇이 중요하고 또 얼마나 중요한지 파악하는 것이라 이야기했다. 그렇다면 돈이란 것을 진정 가치 있게 하기 위해선 나에 관한 생각과 관심 또한 중요하다. 내가 무엇을 원하는지, 무엇을 목표하는지, 가치체계와 우선순위 등을 알지 못하고선 기회비용을 도출할 수도 없고, 투자와 거래 등의 돈을 활용하기 위한 중요한 결정을 내릴 수 없다.

즉 돈에 대해서 고민한다는 것은, 돈을 알고자 한다는 것은 결국 또 삶의 다른 요소들에 대해서 세세히 살핀다는 말이 된다. 당연하다. 타인의 마음과 기준에 대한 이해가 없이는, 고객을 만족시킬 사업을 구상할 수 없다. 자원과 그 상품의 흐름, 소비자들의 선호도를 이해하지 못한다면 수익성 높고 인기 있는 상품을 만들 수 있을 리 만무하다. 물론 때론 성공이란 것이 그저 변덕처럼 오기도 한다. 하지만 그 성공을 유지하기 위해서 필수적인 것은 역시 우리 주변과 사회, 그리고 자연에 대한 이해이다.

소위 말하는 '돈만 아는 사람', 곧 '수전노'라는 명칭은 실상 '돈도 모르는 사람'을 위해 마련된 상투어일 뿐이다. 참으로 돈을 제대로 잘 아는 경지에 도달하기 위해선, 돈이 상징하는 상징물들과 그 돈이 순환하는 사회구조, 그를 통해서 웃고 웃는 우리 자신과 이웃을 관심 있게 살필 수밖에 없다.

돈에 대한 오해

돈에 대해 이해하는 것, 또 관리하는 것은 쉽지 않다. 우리는 돈에 대해서 많은 부분 오해하고 있다. 돈에 대해 생각하면 할수록, 우리가 얼마나 돈에 대해 착각하고 있었는지 알게 된다. 어쩌면 돈에 대한 오해를 나열하는 것보다, 돈에 대해서 제대로 알고 있는 부분을 적는 게 빠를지도 모른다.

이는 어떻게 보면 당연하다. 인생을 다 안다고, 사람의 심리를 속속들이 다 파악했다고, 또는 사회의 면면을 모두 이해했다고 자신이 있게 말할 수 있는 사람이 그 어디에 있을까? 돈이 상징하는 것들에 대한 깊은 이해가 수반되어야 돈을 정령 이해할 수 있다면, 결국 돈에 대한 지식도 완전할 수 없다는 것을 인정하는 정도가 고작일 것이다.

그렇다 하더라도 돈에 대해서 불가지론자가 될 이유는 없다. 다만 돈은, 우리 생각보다 훨씬 커다랗고, 우리가 인지하고 있는 것은 빙산의 일각이었다는 점을 수용하는 것부터 시작해야 한다. 돈을 '맘몬의 화신'으로 규정하고 백안시하는 것이나, 돈을 신격화하여 모든 것으로 여기는 것이나, 결국 그 결론만 다를 뿐, 사고 흐름은 같다.

댄 애리얼리는 그의 저서 *Predictably Irrational*에서 "돈을 대하는 우리는 비논리적이고 비합리적이기에 그 오해를 촉발하는 내적 요소를 특정하고 해소한다고 해도 모든 실수에서 벗어날 수 없다"라고 주장했다. 다만 예상이 가능할 정도로 우리의 비합리적 실수는 정형화되어 있기에, 구조적으로 발생하는 반복적 실수를 살핌으로, 일부의 실수를 극복할 수 있으리라 기대한다고 밝혔다.

따라서 돈 문제에 대한 접근은 겉으로 나타난 병의 증상에 대응하여 처치하는 치료법인 **대증요법**과도 비슷하다. 요는 우리가 돈에 대한 오해 때문에 삶을 영위하지 못하거나 인생의 중요한 점을 놓치는 치명적인 문제를 겪지 않는 것이다.

간단하게 말해 돈은 삶을 살기 위한 **도구**이며 목적 달성을 돕는 **수단**이다. 비록 돈의 모든 요소요소를 다 파악하고, 또 돈과 관련한 실수를 전부 없게 할 수 없다. 오해를 해소한다 한들 우린 실수를 반복한다. 하지만 우리가 참되게 살아가는 것에 방해가 안 되는 수준에서, 또 우리가 목적을 이루기에 지장이 없는 방향으로 그 정도를 유지한다면 큰 문제가 없다.

치료를 위한 상담에서 내담자는 완치를 기대한다. 하지만 실상 완치란 것이 가능할 리 없다. '정상'이란 상태는 산꼭대기처럼 어떤 특정 지점을 가리키지 않는다. 따라서 상담자는 내담자가 그 삶을 영위하는 데 지장이 없는 정도의 현실적 목표를 지정한다. 곡절 없는 인생도 없고, 사연 없는 사람도 없다고 한다. 누구나 남모를 가시를 품고 살아간다. 완벽의 상태나 티 하나 없는 도화지 같은 삶은 이상적 공상에나 존재한다.

돈과 관련해서도 마찬가지다. 사람이 완벽할 수 없고 모든 만물을 이해할 수 없듯, 돈에 대해서도 각각의 사람들은 크고 작은 문제점을 안고 있다. 우리가 가진 돈에 대한 오해는 논리적이지 않기 때문에 산술적인 공식을 도출해서 늘 맞는 답을 그려낼 수 없는 노릇이다. 이에 관련한 예가 있다.

만유인력 법칙을 발견한 것으로 명성이 자자한 아이작 뉴턴은 천문학, 물리학, 철학, 수학 등, 분야에서 다 헤아릴 수 없는 업적을 남겼다. 특히 과학연구에 수학적 방법론을 활용하여 그야말로 과학의 패러다임을 바꾼 입지전적 인물이다. 수학적으로 세상의 이치를 규명하고 입증하는 그의 방법론은 모든 문제를 푸는 해결책 같았고, 무엇보다 그 입증 방식이 수려하고 아름다웠다. 하지만 그런 그도 주식으로 아주 커다란 손해를 봤다.

남해회사버블사건(South Sea Company Bubble)이 한창 진행 중이던 1720년, 뉴턴은 영국 왕립조폐국 장관직을 맡고 있었다. 그는 해당 회사 관련 정보를 상당히 빠르고 정확하게 열람할 수 있으니, 본격적으로 버블이 진행되기 전에 주식을 매입할 수 있었고, 꽤 큰 수익을 실현할 수 있었다고 한다. 하지만 뉴턴이 매도한 이후에도 주가는 그야말로 폭등했다. 투자를 경험해 본 사람은 뉴턴의 이 기분을 알 것이다. 오죽했으면 매도한 자산군의 시세를 다시 확인하지 말라는 격언까지 있을까? 그 무서운 오름세에 뉴턴도 마음이 급해졌다. 혹시 자신의 계산이 틀린 것은 아닐지 하는 의구심을 가졌고, 수식을 고쳐 계산한 결과를 놓고 고심 끝에 주식을 성급하게 재매수했다. 하지만 늘 그렇듯, 자산 버블은 영원히 지속할 수 없었고, 큰 폭으로 하락한 주가로 엄청난 손실을 본 것 때문에 거의 파산할 뻔했다는 이야기도 있다. 결국 "천체의 운행은 계산할 수 있지만, 인간의 광기는 계산할 수 없다."(I can calculate the motion of heavenly bodies, but not the madness of people)라는 말을 남겼다고 회자한다.

물론 이는 뉴턴 사후, 알렉산더 포프가 1721년에 집필한, 뉴턴 전기, *Memoirs of the life, writings, and discoveries of Sir Isaac Newton*에 처

음으로 수록한 내용으로, 실제로 뉴턴이 해당 발언을 했단 별도의 근거가 없기에, 작가의 상상으로 지어낸 이야기일지, 아니면 실제로 뉴턴이 그런 발언을 했단 기록이 당시엔 있었는지 알 수는 없다. 하지만 사람은 돈에 대해서 특히 '비논리적이고 비합리적'이란 오늘날 행동경제학적 발견과 결을 같이한다. 어쩌면 뉴턴이란 걸출한 엘리트조차 그의 특기인 과학적 기법으로도 예측하지 못한 일이 있었고, 그 예측하지 못하게 만든 것은 다름 아닌 일반 민중, 시장참여자들의 총의(總意 공통된 의견)였다는 점을 보고 느낀 당시 사람들의 소회일 수도 있겠다.

처음에 속히 잡은 산업은 마침내 복이 되지 아니하느니라(잠 20:21)

성경에도 같은 결의 교훈을 주는 구절이 있다. 우리 성경이 속히 잡은 산업으로 번역한 내용은 해석하기에 따라서 '급격히 늘어난 재물', '급한 마음으로 얻은 재물' 따위로 이해할 수 있다. 전자의 경우라면 오늘날 격언인 "쉬이 얻은 재물은 쉬이 잃는다"라는 의미쯤 될 것이다. 후자의 경우는 우리의 마음에 연관된 좀 더 포괄적인 교훈을 준다. 벼락부자가 되려고 급하게 투자하고 일하는 것을 경계하는 의미가 되겠다. 70인역에도 마음을 뜻하는 카르디아($\kappa\alpha\rho\delta\iota\alpha$)로 해석하여 후자에 손을 들어줬다. 또는 급격한 수익을 약속하는 자산군이나 투자 기회를 조심하란 의미로도 이해할 수 있다. 어떤 방향으로 해석하더라도 이런 **속히 잡음**(בחל 바할/ 급함, 탐욕, 성급함)은, 그것이 재물을 관리하는 방법론이건, 돈을 대하는 우리의 마음가짐이건, **복**(ברך 바라크)으로 작용할 수 없는 결말을 맞게 한다.

대다수 돈에 관한 사기 수법이나 충동구매를 부르는 광고도 돈 앞에 사람이 범하는 그런 실수에 근거한다. 별도의 구매자가 없음에도 불구하고 손님 앞에서 해당 부동산에 관심이 있는 가상의 손님에게 전화가 온 척을 한다던가(보통 공범에게 전화하는 역할을 맡긴다), 곧 매진이며 시간제한이 있다고 급하게 만들어서 우리의 사고를 뒤흔들며 판단력을 흐리게 한다. 이는 돈에 대해서 아무리 잘 안다고 해도 그 상황과 그 순간에 처하면 아차 하다가 실수를 저지르게 한다. 따라서 이에 대한 대비는 결국 그런 상황에 노출되지 않는 것뿐이다. 아이작 뉴턴과 같은 희대의 천재조차 돈에 관해서 급해질 그런 **환경**에 처하니, 거대한 오류를 저지르지 않았던가?

> 부지런한 자의 경영은 풍부함에 이를 것이나 조급한 자는 궁핍함에 이를 따름이니라(잠 21:5)

부 지키기

> 일곱에게나 여덟에게 나눠줄찌어다 무슨 재앙이 땅에 임할는지 네가 알지 못함이니라(전 11:2)

전도서의 이 구절을 흔히 **자산 분산**의 근거로 이해한다. 최근 재테크 열풍 덕분에 분산이란 개념이 낯설지 않다. 우린 왜 분산 투자할까? 그것은 우리가 미래를 알 수 없다는 냉엄한 사실을 받아들인 귀결이다.

학창 시절 한 대학 교수님이 있었다. 그분은 "No one knows the right side of chart"란 표현을 입에 달고 살았다. 틈만 나면, 해당 표현을 인용하며 학생들에게 강조했다. "아무도 차트 오른쪽은 모른다."

통상 차트의 시간은 왼쪽에서 오른쪽으로 흐른다. x축을 따라 시간의 흐름이 나타난다. 가장 왼쪽은 차트가 표현하는 시간의 시작점이고 오른쪽에 가까워질수록 지금의 시간에 근접한다. 그러다 차트가 오른쪽 끝단에 이르면, 그리던 것이 제아무리 아름다운 포물선이건, 모두가 환희에 젖는 상승장의 아찔한 상향곡선을 그리건, 그 뒤는 그 누구도 과거의 데이터만 분석해선 정확히 알 수 없다.

물론 예측하기 위한 각종 통계적 기법이 있다. 하지만 그것은 어디까지나 확률에 기댄 예측일 뿐, 완벽히 알 수 있는 사람은 없다. 흥미로운 점은, 그 교수님은 다양한 예측 모델을 다루는 수업을 담당한 분이란 점이다. 어쩌면 학생들이 그러한 모델에 경도되지 않길 바라는 마음이었을 터다. 앞서 나눈 아이작 뉴턴의 사례도 마찬가지다. 그도 나름의 근거를 갖추고 급격히 오르던 주식을 구매한단 결정을 내렸다. 하지만 실패를 대비하지 않았다.

비록 내가 돈에 대해 오해하고 있음을 인정하고, 또 그 안에서 최선을 다하여 도출해 낸 결론을 토대로 돈을 다룰지라도, 다른 한편으론 예상치 못한 실패를 **대비**하는 자세를 가져야 한다. 성경 또한 이를 분명히 교훈한다.

사람이 장래 일을 알지 못하나니 장래 일을 가르칠 자가 누구이랴(전 8:7)

하지만 미래를 안다고 주장하는 사람들이 세상엔 즐비하다. 때론 우리도 돈을 관리하면서, 그런 이들의 주장을 맹신하다가 따르기도 한다. 비록 나는 돈에 대해서 오해하고 미래를 다 알지 못하지만, 누군가는 알 거란 그런 막연한 기대를 이용하는 사람들 천지인 세상에서 그러한 태도는 참으로 위험천만하다. 그런 이들이 득세하는 이유는 우리 안에 미래를 알고 싶단 열망이 있기 때문이다.

우린 때론 믿어야 할 것을 믿기보단 믿고 싶은 것을 믿는다. 장래를 알아야 할 필요가 존재하기에 믿는다. 그렇게 사람은, 보이는 대로 보지 않고 믿고 싶은 대로 믿는다

미래를 모른다는 것은, 당연하면서도 좀처럼 받아들이기 어려운 사실이다. 불안하다. 유리 바닥에 서 있는 것만 같다. 그렇다면 차라리 누군가는 안다고 믿는 것이 좋지 않을까?

하지만 성경이 우리가 미래를 모른다는, 참으로 부정하고 싶은 사실을 덤덤히 전달해 주는 것은, 태생적으로 장래 것들에 대한 믿음을 소유한 그리스도인들에게 특별한 효과를 발생시키기 때문이다. 전도서의 기자는 말한다. 장래를 모르기에 손을 거두지 말라고, 시도를 멈추지 말라고.

너는 아침에 씨를 뿌리고 저녁에도 손을 거두지 말라 이것이 잘 될는지, 저것이 잘 될는지, 혹 둘이 다 잘 될는지 알지 못함이니라(전 11:6)

그리스도인들에게 이 모른다는 사실은, 인간의 한계는, 그 약함은 절망의

근거가 아니다. 도리어 그것은 끝없이 시도하고 도전하는 원동력을 제공한다. 이런 우리 한계를 이해함의 진정한 가치는 매사에 일희일비하지 않도록 돕는다는 점이다. 또 다른 효익이 있다면 돈 관리에 적합한 태도를 가지게 만든다. 제아무리 모두가 호황을 이야기하더라도, 제아무리 눈으로 볼 땐 모든 것이 상승가도를 달릴지라도, 눈으로 보는 현상과 귀에 들리는 소문에 들뜨지 않고 어떤 재앙이 있을는지 대비한다. 내 판단이건, 남의 판단이건 맹신하지 않고 전도서 11:2의 말씀처럼 **분산**한다.

게다가 미래를 모른다는 사실은, 우리를 절망하게 하거나, 운명론자로 만들지 않는다. 도리어 끝없이 배우게 한다. 그 어떤 지식도, 그 어떤 대단한 모델도, 미래를 정확히 아는 사람이 만들지 않았다. 그렇기에 늘 새로운 관점과 기술을 열린 자세로 임하게 한다.

> 망령되이 얻은 재물은 줄어가고 손으로 모은 것은 늘어가느니라 (잠 13:11)

성경은 또한 모은 방식도 그 부를 지킬 수 있는지를 판가름한다고 한다. 흔히들 말하는 "쉽게 번 돈은 쉽게 나간다"라는 격언을 떠오르게 한다. 이는 보편적으로 수긍할 수 있는 내용이지만, 학적으론 검증된 사례가 많지 않다. 개인의 재정 상황과 일상의 양태엔 다양한 변수가 있기에, 특정하기 쉽지 않기 때문이다. 다만 일부 연구는 도박이나 범죄와 같은 특정 행동이 재정적 위험과 관련이 있다고 시사한다. 도박과 범죄 등은, 추적조사에서 장기적으로 건강, 사회적 관계, 재정 상황을 악화한다고 드러났다.

또 하나 생각해 볼 수 있는 것은, 행동경제학자들이 돈에 관한 빈번한 오해로 지목하는, **심적 회계**(Mental Accounting)를 꼽을 수 있다. 실제로 우리 돈은 구분이 없다. 그 돈의 출처나 사용처에 따라서 명확하게 구분되어 있지 않다. 그 출처가 어떠하던, 은행에 맡긴다면, 하나의 계좌에 구분 없이 들어갈 것이다. 하지만 우린 심리적으로 가상의 계좌를 개설하여, 각 돈에 이름표를 붙이고 분류한다. 그 과정에서 발생하는 대표적 오류는, "버려도 되는 돈"이 생긴다는 점이다. 모든 돈은 똑같이 유용하다. 버려도 되는 돈 같은 건 존재하지 않는다. 하지만 특정 상황이 주어지면, 우린 때론 "버려도 되는 돈"으로 분류한 돈을 **낭비**한다. 여기서 낭비는, 그 상상으로 만들어 낸 가상의 계좌가 없다면, 소비하지 않을 액수의 돈을, 평소와 다른 방식으로, 충분히 기회비용을 고려하지 않고 사용하는 것을 의미한다.

우연히 응모한 이벤트에 당첨되어 상금을 받았다고 생각해 보자. 그런 상금은 통상 더 손쉽게, 고민 없이 사용할 수 있을 것이다. 이는 우리가 무의식적으로 이를 '공돈'이란 가상의 계좌에 두었기에 발생한다. 앞서 예시로 들었던, 카지노에 간 무분별 씨가, 단순히 운을 끌어당기겠단 생각으로 홀 직원에게 건넨 많은 액수의 팁도 그 결이 같다. 무분별 씨는, "승부"를 앞두고, 어떤 돈은 가상의 계좌에 넣어, 그것을 "투자"란 핑계로 허비한 것이다.

> 선인은 그 산업을 자자 손손에게 끼쳐도 죄인의 재물은 의인을 위하여 쌓이느니라(잠 13:22)

또 성경은, 그 부(산업)를 형성한 사람의 됨됨이도 부를 지키는 여부에 결정적인 역할을 한다고 말한다. 이는 그 사회가 건강하고 정의롭게 유지되는 것을 전제한 말이다. 성경은 냉엄한 현실을 담백하게 담아냈다. 어떤 이상과 환상으로 점철된 '희망이 나열된' 책이 아니다. 따라서 사회의 부조리를 외면하지 않는다. 공평과 공의가 무너진 사회의 폐해를 성경도 증언한다(시 10, 73; 사 26 참고). 이는 현대 자본주의 시스템도 마찬가지다. 세부적인 정책에 관해 경제학자 간 의견 차이는 있을지언정, 먼 옛날 국부론에서부터 지금까지 경제학자들은 한결같이 공평하고 투명한 시장 환경이 조성되어야 경제정책도 건강하게 작동할 수 있다고 널리 합의한다.

그런 전제가 있다면, 죄인의 재물은 의인을 위하여 쌓는다는 구절은 직관적으로 납득이 간다. 앞서 언급한 연구에서, 범죄가 범죄자의 미래 재정 상황에 악영향을 끼치는 직접적인 이유는 사법 체계가 존재하여, 적극적으로 처벌하기 때문이고, 게다가 범죄자의 건강과 사회적 관계에도 영향을 끼쳐서, 향후 지출을 증가시키고 기대수익은 감소시키는 결과가 나왔기 때문이다.

그렇다면, 이 구절에서 우린 '범죄의 기회비용은 생각보다 크다'라는 교훈 이외에도 아주 귀중한 교훈을 얻을 수 있다. 우리가 추구해야 할 사회의 모습은, '선인'은 그 산업을 자자손손에게 끼칠 수 있을 정도로 효익을 얻고, 죄인은 의인을 위하여 쌓이는 거라 느낄 만큼, 공평과 정의가 살아 있어야 한다. 이는 단순히 체제를 향한 투쟁이나 시위만을 말하지 않는다. 전술한 것과 같이, 우리는 크고 작은 유권자다. 실제로 선거권이 있기도 하고, 더욱 근원적인 '돈'을 투표용지 삼을 수 있다. 사회의 공정은, 단순히 리더를 교체한다고 달성하는 것은 아니다. 우리부터 각 처소에서 리더십을 발휘하고, 또 문제의식을 느끼고 우리에게 주어진 재원에 대해 고민하고 소비로 인해서 발생하는 사회적 영향을 고려한다면 분명 긍휼이 많은 주께서 또한 우리의 일상을 공평으로 수놓을 수 있도록 도우실 터다.

> 의인이 많아지면 백성이 즐거워하고 악인이 권세를 잡으면 백성이 탄식하느니라(잠 29:2)

티끌을 모으면 반드시 태산이다

> 지혜 있는 자의 집에는 귀한 보배와 기름이 있으나 미련한 자는 이것을 다 삼켜 버리느니라(잠 21:20)

"티끌 모아 태산이다"라는 속담이 있다. 하지만 최근엔 "티끌은 모아도 티끌이다"라는 다소 자조적인 말로 변형해서 사용하곤 한다. 하지만 아무런 밑천이 없는 상태에서, 목돈을 마련하고 또 부를 축적하기 위해선 결국 **티끌**부터 모아야 한다. 그간의 재테크 열풍으로 많이 알려진 복리 효과를 누리기 위해선 작은 것이 모여서 발생시키는 힘을 의지할 수밖에 없다. 그러면 이 복리 효과는 대체 무엇일까? 우선 그래프 하나를 살펴보자.

이는 특정 액수의 원금을 거치하여 20년간, 매년 10%의 이자를 받았을 경우를 가정하여 그린 그래프이다. 분명 이자는 같은데, 20년 이후, 수익률엔 엄청난 차이가 난다(573% vs 200%). 기간을 늘리면 그 차이는 더 명확해진다. 30년간 거치로 가정하면, 차이는 더 벌어진다(1,645% vs 300%). 어째서 이런 결과가 가능할까?

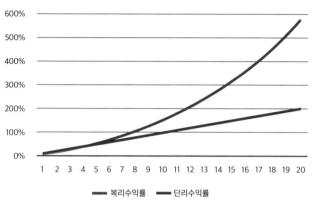

20년간 복리 vs 단리 수익률, 매년 10%

복리를 간단하게 말하면, 원금에 대한 이자를 고스란히 재투자하는 형태다. 따라서 이자가 추가로 발생할 때마다, 이자에 이자가 붙는다. 예를 들어, 원금이 100만 원이고, 연이율이 10%로 고정되어 있다면, 첫해에는 10만 원의 이자가 발생하여 총액은 110만 원이 된다. 그리고 다음 해엔 110만 원에 대한 10%의 이자인, 11만 원이 발생한다. 그런 식으로 원금이 빠르게 불어난다. 이는 시간이 흐를수록, 원금의 액수가 클수록 그 효과가 극대화한다.

이런 원리로 적립식으로 목돈을 모으는 경우를 생각해 보자. 은퇴 이후를 위해서, 매월 10만 원씩, 30년간 적립식으로 투자하려는 신입사원, 곧태산 씨. 기대 이율이 10%라면, 얼마를 모을 수 있을까? 이 경우, 총투자금은 3,600만 원이며, 최종 금액은 2억 2,279만 원이 된다. 만약에 허리띠를 더 졸라매, 10만 원을 추가해, 20만 원을 투자한다면, 총투자금은 7,200만 원이고, 최종 금액은 4억 5,586만 원이다.

하지만 이 복리 효과란 것은, 어떤 손쉬운 필승법도, 혹은 단순한 마법적 효과가 아니다. 실제로 이런 '티끌 모아 태산'은, 머리로는 다들 알고 있어도 실천하기란 더없이 어렵다. 일단 이 복리라는 것은 실제로 **포기**하는 것이 아주 많다. 당장 원금과 매달 적립액을 포기하는 것은 단리 투자와 같다. 하지만 몽땅 재투자하므로 필연적으로 그 이자가 주는 지금 당장 누릴 효익까지 포기하여 미래에 전달해야 한다. 게다가 그 포기의 기간이 무려 30년이다. 그렇게 형용할 수 없는 인내로 미래를 준비하다가, 어떤 사람이 일확천금을 얻었단 소식이 들리면 속이 다 뒤틀린다. 특히 그것이 주변인이라면 다만 축하한다는 말만 전하기도 그리 쉬운 일은 아니다.

이런 적립식 투자에 빠지지 않고 등장하는 투자 전략인, **지수 추종** 방식도 그 골자는 성공을 약속하는 듯하다. 이는 개별 회사가 아닌, 상장 회사들의 집합인, 특정 지수를 적립식으로 정해진 기간에 매입하여, 시세 변동에 영향받지 않고 평균가로 매입하는 전략이다. 주로 변동은 있더라도 꾸준히 성장하는, 경제적으로 우량한 국가의 지수를 추종한다. 통상 미국의 주식시장에 투자한다. 그중에서도 S&P500이란 지수가 주목받고 있다. 이는 미국 상장 회사 중 시가총액(회사의 총 시장가치) 상위 500위 안, 규모가 큰 기업을 모아서 만든 지수이다.

그렇다면 해당 지수를 적립식으로 매입하면, 상대적으로 안정적일 것 같다. 그러나 해당 표에 명시된 평균 수익률은, 다분히 결과론적인 내용이다. 해당 기간을 전부 지나고 나서 결산해 보니 매년 평균적으로 10%대의 수익이 보장된 것으로 보인다. 그렇기에, 진정 문제는, 투자하는 처지에서, 그 목표를 위해서 인내하는 **도중**에도 매번 그렇게 느낄 수 있냐는 것이다.

기간 (2023년 말까지)	년 평균 수익률(배당 재투자)
최근 5년간	14.68%
최근 10년간	12.02%
최근 20년간	9.69%
최근 30년간	10.04%
:	
최근 100년간	10.54%

<S&P500 기간별 년 평균 수익률>

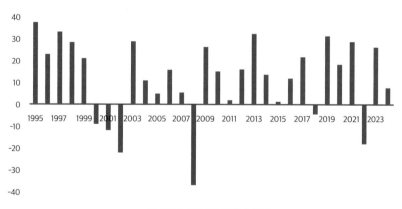

< S&P500, 30년간 연간 수익률>

연간 수익률을 보면 비로소 만만한 작업이 아님을 발견한다. 폭락한 연도

엔 총자산이 반토막 가까이 나는 것처럼 느껴지고, 또 벌어서 넣어도 돈을 버리는 것만 같다. 그야말로 성경 표현대로 "빵을 물에 던지는" 감각이 절절히 느껴진다.

그렇기에 태산을 목표로 티끌을 모으는 자는 필연적으로 그 마음을 흔드는 유혹과 싸워야 한다. 이는 실로 고단한 일이다. 이는 어떤 방향으로, 어떤 투자 전략을 견지하더라도 마찬가지다. 불확실한 세상에서, 우린 때론 수고하고 노력한 '돈'을 열심히 준비하고 공부했음에도 '투자'나 '사업'으로 허망하게 날리기도 한다. 그러다 접하는 일확천금을 얻은 '행운아'들의 이야기엔 오장육부가 뒤집히는 것만 같다. 하지만 그런 소식 틈새에서도 한가지 고려해 볼 것이 있다. 과연 그 한 사람의 성공스토리가 생기기 위해서 얼마나 많은 사람이 실패를 경험하고 그 도중에 결국 쓰러졌을까?

내가 돌이켜 해 아래서 보니 빠른 경주자라고 선착하는 것이 아니며 유력자라고 전쟁에 승리하는 것이 아니며 지혜자라고 식물을 얻는 것이 아니며 명철자라고 재물을 얻는 것이 아니며 기능자라고 은총을 입는 것이 아니니 이는 시기와 우연이 이 모든 자에게 임함이라(전 9:11)

"복리 효과를 누리기 위해서 절약하고 모으고 축적하고 저축하고 투자한다." 이런 접근은 너무 느리고 돌아가는 것 같고 어렵기도 하지만, 반면 최선을 다해 안전을 추구하며 나아가는 길이다. 물론 참으로 애석하게도 삶이란 것이 충실하기만 하다고, 왕도만 걷는다고 성공을 보장하지 않는다. 그렇기에 신앙과 믿음이 작용한다. 신앙이란 무조건 잘될 것이란 낙관주의가 아니다. 나의 수고와 노력을 불쌍히 여겨주실, 그리고 인내하는 나의 절제력을 알아주실 하나님을 기대하는 것이다. 또한 믿음이란 것은 나의 선택과 방식이 옳을 것이란 근거 없는 자신감이 아니다. 다만 눈물로 씨를 뿌리는 자는 기쁨으로 단을 거두게 해주시리라는 성경 구절을 믿고 인내하는 것이다.

눈물을 흘리며 씨를 뿌리는 자는 기쁨으로 거두리로다 울며 씨를 뿌리러 나가는 자는 정녕 기쁨으로 그 단을 가지고 돌아오리로다(시 126:5~6)

장기적 이익 vs 단기적 이익

흩어 구제하여도 더욱 부하게 되는 일이 있나니 과도히 아껴도 가난하게 될 뿐이니라 구제를 좋아하는 자는 풍족하여질 것이요 남을 윤택하게 하는 자는 윤택하여지리라(잠 11:24~25)

복리 효과를 극대화 누리기 위해선 티끌도 아껴서 모아야 함을 나눴다. 하지만 잠언 11:24~25에는 그간의 교훈과 상반된 내용이 기록하여 있다. 그간 우린, 흩어 구제하여도 부하게 되는 일이 있고 과도히 아껴도 가난하게 될 뿐이란 이야기는 현실적이라기보단, 그저 종교적 이상을 말하고 있는 내용으로 이해되곤 했다. 하지만 경영에 관한 연구가 진척되자, 이것이 단순히 도덕적인 구절은 아님이 드러났다. 이는 실상 돈의 양보다도 더 중요한 진정한 기회비용에 대한 교훈이기도 하고 또 우리의 중점에 관한 이야기이기도 하다.

최근 기업들이 도덕 경영(Business Ethic)이나 사회책임(Social Responsibility) 등을 실천하는 것은 흔해졌다. 더러는 정치적 올바름이나 신앙적 연유로 그러한 선택을 한다. 하지만 오늘날 고객들은 제품의 질과 가격으로만 기업을 평가하지 않고, 회사의 경영방침과 사회적 영향을 고려하기 시작했다. 앞서 이야기한 돈의 투표용지로서 기능과 소비자로서의 힘을 자각한 결과이다.

이러한 현상이 있기 전부터 각종 기부, 봉사 등 사회 환원은 기업의 이미지, 브랜드 충성도 등을 증진하여, 결과적으로 기업의 이익을 상승시킨다는 발견은 있었다. 물론 여느 경영의 요소와도 같이, 무작정 투자만 한다고 곧바로 꼭 맞는 효과를 안겨주진 않는다. 따라서 기업들은 적절한 비중의 사회 환원과 기부를 유지하기 위해서 예산을 짠다. 즉, 자신의 회사의 브랜드 이미지 쇄신 효과를 발생시키는 최대 금액은 얼마인지, 또 최소한 유지라도 할 수 있는 최저 금액은 얼마인지 측정하고, 그 사이 적정 값을 찾으며, 의사결정을 한다.

이런 시대적 흐름이 발생하기도 전에 잠언의 기자는 구제를 좋아하는 자는 풍족하여지며 남을 윤택하게 하는 자는 윤택하여진다는 아주 의외의 현상을 발견했다. 어쩌면, 이런 현상은 시대적 흐름만이 원인이 아닐지 모른다. 다시 말해, 잠언이 쓰였을 시점의 사회도 지금과 근원적으론 대소동이 한 원칙 아래에 작동했단 방증으로 해석할 수 있다.

이는 근원적으로 '사회 환원 예산'과 그로 인해 얻을 수 있는 '브랜드 이미지' 사이에서 저울질하며 최대 효율을 내는 지점을 발견하는 과정이다. 따라서 이는 기회비용에 관한 이야기이기도 하다.

그렇다면, 이 기회비용을 따질 때 하나의 요소가 추가된다. 바로 회사의 장기 이익을 추구하느냐, 단기 이익을 추가하느냐의 문제이다. 단기적으로 손익을 계산하였을 땐, 당연히 기부 등의 사회 환원 예산을 대폭 삭감하는 것이 옳다. 당장 지출이 줄어드니까 순수익이 곧바로 증가할 것은 말할 것도 없다. 하지만 장기적으로 보았을 때, 이 손익 계산은 전혀 달라진다. 사회 환원 예산을 대폭 삭감한 끝에, 외부적으로 기업의 이미지가 나빠지면 점진적으로 매출이 하락할 것이며, 이미 실추된 이미지를 회복시키는 것은 꽤 고단한 작업이 될 것이 분명하다.

이처럼 우리의 손익 계산이란 것은 우리가 어떤 목적과 기준을 두고 있느냐에 따라서 달라지기도 한다. 그렇다면 잠언 11:24~25은 장기적인 이익을 기준으로 두고 오랜 시간 관찰한 결과 도출한 결론일 터다. 사실 우리 믿음은 장기적 이익을 우선시한다. 성경은 단기적 이익을 포기하고 장기적 이익을 추구하라는 교훈을 많이 담고 있다. 실상이 그러하다. 우리가 믿는 신앙이라는 것도 시작 시엔 겨자씨와 같기도 하고 또 감춘 보화와 같기도 하다. 특히 성경에 기록한 무수한 인간 군상과 이스라엘의 역사를 살피면 결국 우리의 신앙은 단거리 경주가 아니라 장거리 마라톤의 양상을 띠고 있음을 알 수 있다. 이는 돈을 관리하고 부를 추구하는 것도 마찬가지다. 성경은 한 번 죽는 것은 정해져 있으며 이 땅에서의 삶은 지극히 짧다 역설한다. 하지만 그러면서도 그러한 현상에 자포자기하고 쾌락주의로 빠지라는 것은 성경이 주장하는 바가 아니다. 성경은 인생은 짧기에 오히려 뜻깊게 살아야 한다고 말한다. 또 우리에겐 천국이라는 '영원한 가치'가 있기에, 그 짧은 인생에서도 '죽으면 끝'이라는 생각으로 단기 이익만을 추구하는 태도를 경계한다.

> 생각건대 현재의 고난은 장차 우리에게 나타날 영광과 족히 비교할 수
> 없도다(롬 8:18)

성경은 오늘의 평안함이나 눈앞의 이익이 아닌, 장기적이고 영적인 소망을 믿음으로 붙잡고 나아간 사람들의 이야기이다(히 11 참고). 그렇다면 우린 아주 흥미로운 현상을 목도한다. 오랜 기간 신앙인들조차 성경의 교훈들은 생산성이나 채산성과는 전혀 관계가 없거나 심지어 그런 사업적 목표를 저해하는 '자기희생적' 내용으로만 점철되어 있다고 생각했다. 이런 관점에선 성경 원칙을 따르는 사람들은 늘 사회에서 손해를 보고 돈을 벌 기회를 그야말로 걷어차는 사람들이었다. 하지만 인류사가 흘러 오늘날에 이르러서야 도출한 각종 경영, 금융 방식과 기법의 발견과 성경이 견지하는 태도가 대치되지 않음이 분명해졌다.

사실 성경의 가르침이 사업에 전혀 도움이 안 된다는 오해는, 과거 각종 사업체는 눈앞의 이익만 챙기면 그만이라는 태도로 영업했고, 능숙하게 고객을 속이는 것이 이윤 증진에 도움이 된다고 생각했기 때문이다. 그때 형성된, "성경의 방식은 그런 저급한 이윤추구와는 다르다"라는 강렬한 인상이, 좀 더 도덕적이며 포용적이고 윤리적인 경영의 시대에도 여전히 남았다. 비록 성경은 변하지 않았지만, 이 사회는 변했다. 그렇다면 그 성경을 이해하고 적용하는 방식에도 변화가 있어야 하지 않을까? 이제 당당히 말할 수 있을 터다. 성경적 정신에 터 잡은 사업은 기업의 기준으로도 성공할 수 있을 뿐만

아니라, 그것을 달성할 어쩌면 매우 효과적인 방법이라고.

겨울은 여름에만 대비할 수 있다

　일생을 기대수익으로 살피면, 우리네 인생에도 어떤 계절이 있는 것만 같다. 과거 우리나라는 '노후'에 별다른 대비를 하지 않았다. 이는 대가족 구조로, 연로한 부모님이 자녀들과 함께 지내는 것이 당연했다는 문화적 흔적일 터다. 하지만 근래 가족구조가 이전에 유례가 없는 수준으로 급변했다. 이러한 상황에는 사람 대부분이 대비하지 못하였으며, 이에 따라 노인 빈곤이 심각한 사회문제로 대두되고 있다. 저출산과 노인인구 증가와 같은 다양한 요소가 결합하니, 도무지 만능 해결책이 나오지 못한다. 그래서 우리나라도 젊은 세대부터 은퇴 이후를 준비하는 것이 드물지 않다.

　하지만 문제는 은퇴를 준비하기는 상당히 어렵다. 투자의 결정과도 같이 오늘 우리가 누릴 수 있는 확실한 효익을 포기하고 막연한 미래를 준비하는 것 그 자체도 아주 고단하지만, 더 다양한 요소가 우릴 괴롭힌다.

　근래엔 각종 기관과 웹사이트에서 바라는 생활 수준에 따른 노후 자금을 계산 해준다. 다양한 기준과 방법으로 도출하였기에 그 액수는 다르지만, 많은 사람은, 대체로 필요 노후 자금을 확인한 순간 좌절한다. 예상보다도 너무나 큰돈을 모아야 하기 때문이다.
　이는 당연한 귀결이다. 왜냐하면 지금의 소비 규모로 예측한 돈 만으론 노후에도 생활 수준을 유지할 수 있을 리 만무하다. 우리가 생각하는 것보다 많은 부분에서 소비 형태와 생활 방식이 변하는 부분과 함께, 인플레이션으로 인한 물가 상승 폭도 고려하면, 도출될 필요 노후 자금은 그야말로 어마어마하다.

그래서 그럴까? 우리나라 관계기관들이 조사하여 발표한 '2023년 가계금융복지조사 결과'에 따르면 노후 준비가 확실히 되어있는 가구는 7.9%에 불과했고, 제대로 되어있지 않은 가구는 53.8%에 달했다. 특히 그중 전혀 되어있지 않은 가구는 14.7%였다. 2022년 조사와 비교했을 때, 은퇴 준비 수준이 도리어 낮아진 것으로 보건대, 어쩌면 다수의 우리는 이 문제로 고민하고 있을 터다.

괴로운 점은, 우린, 노후 준비의 필요성을 모르기 때문에 준비하지 않는 것이 아니라, 준비할 여력이 없다는 점이다. 2023년 기준, 우리나라 부업 인구는 57만5천 명으로 역대 최대치를 기록했다. 즉, 본업만으론 생활비 마련이 어려워, 휴식 시간을 쪼개가며 부업까지 한다는 말이다. 사정이 이러니까, 오늘 요긴하게 사용할 생활비를 아껴서 미래를 대비한다는 것은 턱없이 어려운 일이다. 어쩌면 꽤 다수의 우리는 사랑할 돈조차 없을지도 모른다. 벌어도 벌어도 모아도 모아도 부족하단 소식 천지다.

그래서 그럴까? 요즘엔 다들 재무 공부와 투자 공부로 온통 떠들썩하다. 이전에는 학교에서나 배울 수 있었던 내용들을 이제는 각종 도서, 온라인 커뮤니티, 유튜브 등으로 손쉽게 접할 수 있게 되었다. 하지만 각자 말하는 바가 다르다. 현대의 금융시장은 더없이 복잡하고 게다가 미래라는 아무도 모르는 미지의 영역을 대비하는 처지니, 철석같이 믿고 스승으로 여길 자가 없다. 어느 정도 왕도로 여겨지는 것은 복리 효과를 누리기 위해서 티끌을 모으거나, 적립식 투자(신뢰할 수 있는 투자처에 정해진 기간마다 일정 금액을 꾸준히 투자하여, 가격변동에도 불구하고 평균 매입가를 유지하게 하는 투자 전략)를 하거나, 좀 더 안전한 채권을 매입하거나, 전통적인 예·적금을 하는 것 등이다.

그 소재만 달라질 뿐 매시기마다 다른 자산군을 놓고 다들 상승장이라고, 또는 하락장이라며 아우성친다. 이런 사회 분위기는 주식시장 참여자들만 영향을 받지 않는다. 남들은 모두 돈을 벌고 있는 것 같고, 노후를 대비하고 있는 것만 같다 나만 뒤처지는 거 같고 바보 같이 "정직"하게 살고 있는 것 같다. 이런 상실감은 **포모증후군**(FOMO, Fear of Missing Out)이란 신조어를 만들어 내기에 이르렀다. 이는 사회적 상황에서 나만 무언갈 놓치고 있다는 불안과 공허를 말한다.

그 어떤 선택을 하더라도, 결국엔 투자하기 위한 돈이 필요하며, 이를 확보하기 위해서 허리띠를 졸라매기도 한다. 덕분에 **파이어족**(조기 은퇴를 목표로 적극적으로 투자하며 자산 확보에 힘쓰는 사람)이란 단어도 유행했다. 특별히 이런 상황은 그리스도인들에게 큰 고민거리를 안긴다. 다들 고정지출을 줄이기 위해서 노력하는데, 이런 세상 속에서 신앙을 가진다는 것은 꼭 사치처럼 느껴지기도 한다. 신앙생활은 '소비'를 넘어, 마치 노후를 준비하고 투자하는 기회의 상실로도 보인다. 이런 사회 분위기가 만들어 낸 일종의 급박감에 사로잡히고 나면 시야가 좁아진다. 그 시계엔 오로지 두 가지 선택만 있는 것 같다. **돈**을 버리고 **신앙**을 택하느냐, **신앙**을 버리고 돈을 **선택**하느냐?

최근 들어 다시 고개를 드는 '이분법적 신앙관'은, 이런 내어 몰린 상황에 기인했다. 하나님 안에 우리의 삶이 있다. 그리고 그 안엔 온갖 다양한 요소들이 자리한다. 사랑, 신앙, 관계, 꿈, 일상, 취미 같은 아주 커다란 요소부터 돈, 음식, 옷, 집 등 부수적이지만 아주 중요한 요소로 그야말로 다채롭다. 하지만 실로 애석하게도 도구에 불과한 '돈'은 어느덧 이분법적 신앙관에서 부풀어져 마치 우리 신앙과 대적하는 어떤 마물(魔物)로 탈바꿈해 있다. 우리는 이전 그 어느 세대보다 더 커다란 물질적 풍요를 누리면서도 돈의 **결핍**으로 인한 통증을 더욱 크게 느끼는 시대를 살기 때문인 것으로 보인다.

금융시스템이 발전하고 시장경제가 고도화될수록 돈의 쓰임새는 증가했다. 돈이 주는 효익이 늘수록 돈이 없을 때 느끼는 박탈감은 함께 상승했다. 게다가 SNS와 인터넷의 발달로 우리는 실시간으로 우리가 얼마나 궁핍한지, 가난한지 체감할 수 있게 되었다. 이에 대한 해결책으로 또 한바탕 요란하다. 더러는 SNS와 인터넷을 원흉으로 지목해 그것들을 거룩한 하나님의 이름으로 끊을 것을 제안한다. 더러는 돈 자체가 문제라며 그것들을 말씀에 의지해서 물리치라 한다. 그러는 와중에 이 모든 것을 키워낸 우리의 마음, 그 마음에 자리한 우리의 옛사람은 아주 즐거운 듯 만족스러운 웃음을 짓는다. 늘 그렇듯, 진정한 문제는 외부 현상이 아니다.

하지만 온 재화와 자원은, **관리**의 대상이다. 비록 하나님께선 에덴동산을 아담과 하와에게 만들어주셨을 시점에 '돈'을 만들 지혜를 당장 주시진 않으셨다. 그렇다고 한들 주님이 주신 '관리'의 사명에서 돈에 대한 관리가 면제되지 않는다. 앞서 다룬 바처럼, 돈은 결국 모든 자연물과 재화의 상징이기 때문이며, 또 그런 것들을 용이하게 다룰 수 있도록 가치를 저장하며 또 가치의 척도 역할을 하기 때문이다. 돈을 안다는 것은 결국 돈이 끼치는 영향과 그 과정에서 상징되는 자연물과 재화 그리고 그것을 활용하는 사람의 외 내면적 양태를 이해하는 것이라 나눴다. 그리고 그렇다면 돈을 '관리'한다는 것은 하나님이 내게 주신 것들을 관리하는 것과 다름없다. 그저 사회가 고도화되었고 더욱 많은 인구가 지구란 행성을 함께 공유하며 사용하기에 '돈'이란 도구를 통해서 관리할 수 있도록 하나님이 우리에게 지혜를 주셔서 '돈'이란 아주 유용한 관리 도구를 마련해주신 것이다. 그렇기에 우리의 모든 설움과 아픔도 돈에 투영된다.

인생이란 참 기묘하다 주객이 바뀌는 건 정말 한순간이다. 명확하다고 생각했는데 그 경계가 허물어지는 것은 사랑에 빠지는 순간에도, 또 유무형의 대상을 우상화하는 과정에도 빈번히 일어난다. 분명 내 아픔을 상징할 뿐인 돈인데, 어느덧 돈이 내 내면에서 아픔의 이유가 된다. 이 아픔을 치유하기 위해선 얼마나 많은 돈이 필요할까? 어느 정도의 돈이면 될까? 이런 결론을 낸다면 결국 크리스마스 캐럴의 주인공 스크루지 영감과 같은 실수를 반복할 터다. 돈을 관찰해선 돈을 알 수 없는 것과 같이, 돈으로 입은 상처는 돈으로 해소될 수 없다.

무엇으로 해소해야 할까. 결국 돈의 가치는 제대로 된 활용으로부터 발생한다. 돈은 온갖 것들을 수행하며 세상에 있는 거의 전부를 이로 환산하도록 돕는 능력을 갖췄다. 하지만 그 자체로 의미를 부여하진 못한다. 돈을 통해서 행복하기 위해선, 돈으로 행복의 총량을 늘리기 위해선, 또 돈을 유용하게 만들기 위해선, 우리가 의미가 있게 돈을 활용해야 한다. 그렇기 위해서 우린 돈이 필요하다. 그런데 그 필요를 충족하고 나면 그 뒤엔 무엇이 기다리고 있을까?

앞서 말했듯, 돈이 제아무리 유용하다고 해도 그저 도구이다. 어떤 건물의 모든 문을 열 수 있는 마스터키가 있다고 하더라도, 그 마스터키가 건물의 소유주가 될 순 없다. 소유주는 어디까지나 그것을 쥔 사람이다. 만약 마스터키를 의인화하고 신격화하여 '섬김'의 대상으로 섬기더라도, 그 마스터키의 주인은 여전히 사람이다. 다만, 마스터키를 신격화한 사람의 경우, 그다지 현명한 사람은 아닐 터다.

그럼 우리는 무엇을 해야 하는가? 떠도는 소문들이 우릴 포모증후군으로 몰아가고, 또 노후에 대한 걱정으로 괴롭고, 마치 내 봉사와 헌금, 아니 그뿐 아니라 가족에게 선물을 건네거나, 겨울철에 보일러를 트는 것조차 낭비로 여겨져서 급하게 어렵게 허리띠를 한계까지 졸라매고 모든 돈을 죄다 ETF나 주식, 부동산에 넣어야 할까? 아니면 그 모든 것을 "마귀의 궤계"라며 마귀를 대단히 전능한 존재로 높일 것인가? 내 돈을 다 내어버리고 돈이 없는 곳을 찾아 배라도 띄우면 될까? 과연 성경이 말하는 투자는 무엇인가? 다음 장에서 투자를 생각해 보자. 성경은 우리에게 "여름부터 예비하여 겨울을 날 준비를 하라"라고 말한다.

> 게으른 자여 개미에게로 가서 그 하는 것을 보고 지혜를 얻으라 개미는 두령도 없고 간역자도 없고 주권자도 없으되 먹을 것을 여름 동안에 예비하며 추수 때에 양식을 모으느니라(잠 6:6~8)
> *이스라엘은 여름이 수확기다.

6장

투자 invest

모든 투자는 포기로 시작된다

투자의 사전적인 의미는, 오늘의 소비를 포기하고, 미래의 어떤 가치를 선택하는 것이다. 투자의 비용은 오늘 내가 '확실하게' 누릴 수 있는 다양한 효익과 즐거움이다. 이를 다르게 표현하면, 투자는 내가 오늘 확실히 누릴 수 있는 즐거움을 포기하고 확실하지 않은 미래의 즐거움(return)을 선택하는 것이다. 당연하게도 투자를 결정하기 위해선 내가 이후에 얻을 '불확실한' 효익이 오늘의 '확실한' 효익보다 월등해야 한다. 그 선택으로 인해 감수해야 할 위험, 인내해야 할 시간 따위가 상쇄되고도 남아야 함은 당연하다.

이처럼 투자 결정은 단순히 미래에 돌아올 불확실한 이익의 크기만으로 결정할 수 없다. 오늘 내가 포기하는 것이 무엇인지. 혹여 그것이 결코 포기해선 안 될 중요한 가치인지 늘 상고해야 한다. 따라서 앞서 다룬 기회비용의 원리는 우리의 소비 활동뿐만 아니라 투자 활동에도 아주 중요한 위치를 차지한다. 이 희생은, 단순히 돈의 액수만으로 표현할 수 없다. 기회비용에 대한 고민과도 같이, 시간, 청춘, 사랑할 기회, 관계 등 다양한 요소가 결부될 수 있다. 이런 투자의 면면 또한, 성경은 미리부터 다루고 있다.

너는 네 식물(빵)을 물 위에 던지라 여러 날 후에 도로 찾으리라Cast your bread upon the waters, for after many days you will find it again (전 11:1)

전도서 11:1은 수려하고 간결한 표현으로 돈과 투자에 적용할 통찰뿐만 아니라, 삶 요소요소에도 유효한 교훈을 전한다. 시적인 표현을 쓴 덕분에 다양한 시대적 배경과 사회적 상황에 부닥친 독자들이 교훈을 얻기에 적합하다. 농업에 종사하는 사람은 빵을 곡물로, 또 물을 논으로 해석하곤 한다. 또 무역에 종사하는 사람들은, 특별히 빵으로 번역한 לחם(레헴)이 먹거리, 즉 상품성이 있는 음식을 뜻한다는 점에 집중하여, 빵이란 **상품**을 싣고, 해안 길로 무역하란 의미로 이해하기도 한다. 낚시를 아주 좋아하는 사람은 떡밥을 미끼 삼아 던져 물고기를 얻는 것으로 생각할 수도 있겠다.

이 구절에 따르면 투자는 본질적으로 빵으로 비유되는 무언가를 **포기**(던지는)하는 것으로 시작한다. 그리고 여러 날로 표현한 것처럼 시간적 **인내**를 요한다. 이 두 가지 요소로 우리 삶이 고단한 이유가 설명된다. 우린 오늘 누릴 확실한 행복과 안락을 포기하고 불확실한 장래의 것을 위해 노력한다. 이는 공부, 노동, 운동 등 우리의 일상을 수놓는 활동이기도 하다.

이를 투자로 본다면 성경이 우리에게 투자를 권하고 있는 것만 같다. **세상에, 그 위험천만하다는 투자를 성경이 하라 권하고 있다니!**

하지만 성경은 오히려 우리가 가진 것을 활용하고 투자하는 것을 삶의 일부인 요소로 자연스럽게 묘사한다(마 25:14~30). 그렇다면, 특별히 투자하라고 권하는 아주 독특한 구절이라기보다는, 투자를 당연한 삶의 활동이란 전제로 **어떻게** 하는지 설명하는 구절이라 하는 게 더 맞겠다.

믿음을 가졌다고 해서 사회구성원으로서의 다양한 활동과 역할이 면제되지 않는다. 이단 사이비는 가정을 해체하고 삶의 많은 요소를 부정하고 재단하려 한다. 성경대로 믿는 사람의 삶은 특별히 죄와 관련된 부분이나, 사명을 위해서 필수 불가결하게 특별한 삶의 모습을 가지는 경우가 아니라면, 대체로 우리의 삶을 더욱 삶답게 사는 형태가 된다. 전도서는 우리 삶을 이해하고 이를 참답게 만드는 데 도움이 되는 지혜를 제공하는 책이다. 이는 우리나라에 기독교가 처음 전파되었을 당시 발생한 사회적 현상을 생각하면 쉽다. 당시 선교사들은 학교, 병원, 재단 등을 설립하여, 당시 사회활동이 제한되던 취약계층이 활동할 수 있는 터전을 만들어줬다. 특히 여성들의 사회진출이 두드러졌다. 이처럼 기독교는 우리나라에 들어와, 온갖 율법적 제약으로 우리 삶을 제한하지 않았다, 도리어 우리의 삶을 삶답게 하려고 우리의 지경을 넓혀줬다.

> 우리가 잠시 받는 환난의 경한 것이 지극히 크고 영원한 영광의 중한 것을 우리에게 이루게 함이니 우리의 돌아보는 것은 보이는 것이 아니요 보이지 않는 것이니 보이는 것은 잠깐이요 보이지 않는 것은 영원함이니라(고후 4:17~18)

이 모든 투자의 시작은 **포기**에서 시작한다는 점은, 천국을 이해할 때도 매우 소중한 개념이다. 이런 원리를 우리, 5장에서도 살폈다. 믿음은 결국 행위를 낳고, 그 행위는 하나님이 주신 약속과 사명에 **투자**하게 한다. 다시 말해, 내가 지금 가진 것들, 혹은 삶의 방식을 '포기'하게 한다. 그렇기에 한 편으론 위로가 된다. 성경도 우리의 투자에 '포기'가 발생하는 점과 그 포기가 고단하다는 사실을 이해해 준다. 이는 다시 말하면, 우리가 신앙을 가졌기에 남몰래 흘리는 눈물과 상실한 기회비용을 하나님만은 알아주신다는 희망이 된다.

예수님은 하나님을 따르는 처지가 얼마나 어려운지, "여우도 굴이 있고, 새도 둥지가 있지만, 주님은 머리 둘 곳이 없다"고 하셨다(마 8:20; 눅 9:58). 베드로에게 그 말씀이 꽤 인상 깊었나 보다. 그는 변화 산에서 주님을 위한 초막을 지어드리겠다 제안했다(마 17:4). 또한 제자들 역시, 예수님을 따르기 위해, 고향과 삶의 터전을 버렸기에, 머리 둘 곳이 없어졌음을 토로하기도 했다(마 19:27; 눅 18:28). 이에 대한 예수님의 답은, 당신께서 제자들을 위한, 그리고 또 믿음으로 그리스도인 된 우리를 위한 처소를 마련해주신다고 하신다(요 14:2~3). 예수께선 제자들의 처지를 공감하신다. 당신께서도 그런 설움을 **경험**하셨기 때문이다. 그리고 공감에서 그치지 않고, **해결**해 주신다. 그렇기에 우린, 영적인 투자인, **신앙**에도, 또 육적인 투자인, **돈 관리**에도 주님을 의지하며 위로도 받고 또 지혜도 구할 수 있다.

알지 못하는 우리의 투자 : 분산

투자한다는 것은, 불확실한 미래의 이익(return)을 위해, 확실한 오늘의 이익을 포기하는 것이다. 따라서 이는 논리 필연적으로 **위험**(risk)을 수반한다. 이런 상황에 대해, 우린 퍽 양극화 되어있는 듯하다. 한 극단에선 위험에 대한 두려움과 나쁜 기억으로 투자 그 자체를 부정한다. 모든 투자를 투기로 보고 또 부정한다. 다른 극단에선 위험 없이는 수익도 없다며, 아무런 대책 없이 아주 공격적으로 나선다.

중간 지점은 없는 걸까? 성경은 무엇을 말하고 있을까? 성경은 근면히 노동하고 요행을 바라는 마음을 삼가라는 구절을 부족하지 않게 제공한다. 또한 성경은 새로운 사업을 시도하고 투자하는 것에 대해 긍정하는 구절도 만만찮게 제공해 준다.

> 풍세를 살펴보는 자는 파종하지 아니할 것이요 구름을 바라보는 자는 거두지 아니하리라 바람의 길이 어떠함과 아이 밴 자의 태에서 뼈가 어떻게 자라는 것을 네가 알지 못함 같이 만사를 성취하시는 하나님의 일을 네가 알지 못하느니라(전 11:4~5)

성경이 묘사하는 구원의 과정 또한 그런 투자의 측면으로 설명할 수 있다. 하나님의 관점에선 그리스도의 십자가를 오직 믿음으로 획득하는 구원은, 완성된 구원이지만, 삶을 살아가는 우리에겐 실상 위험투성이로 보인다. 불확실성만 주변에 있다. 그래서 때론 현상을 보고 믿음을 저버리거나 소위 말하는 **시험**에 들곤 한다. 따라서 성경을 읽고 또 상고하는 그리스도인들은 미래가치를 위해서 현재가치를 포기하는 개념이 익숙하다.

그런 우리도 올인할 만한 것이 있다. 바로 하나님이 보증해 주신 **구원**에 대한 것이다. 구원에 투자할 수 있는 **밑천**(Seed)은 오로지 우리 **믿음** 하나이다. 믿음은 쪼갤 수 없기에 전폭적으로 믿든지, 아니면 안 믿든지 해야 한다. 성경에서 말하는 원리에 따르면, 성경대로 믿는 우리가 감행하는 앞뒤 안 보고 **올인**해야 하는 대상은 오로지 예수 그리스도의 십자가 공로, 그뿐이다.

이런 신앙과 관련한 부분이 아니라면, 선한 청기기로서 우린 **분산**할 줄 알아야 한다. 만일 내 돈이고, 내 자원이라면, 얼마든지 속시원하게 내 맘대로 승부를 봐도 괜찮다. 하지만 성경대로 믿는 그리스도인들은 자신에게 할당된 자원, 재원, 심지어 생명까지도 하나님의 것이라 믿는다. 그렇기에 우린 허투루 도박을 감행하지 않는다.

이런 말이 있다. "모든 곳에서 이기려 하면 모든 곳에서 진다." 이는 선택과 집중으로 해석할 수도 있는 말이다. 하지만 투자에 적용할 땐 사뭇 다른 교훈이 된다. 분산은 모든 곳에서 이기기 위해서 하지 않는다. 미래를 알 수 없기에 우린 지는 것도 감수한다. 그래서 모든 부분에서 이익이 되는 곳에만 투자하지 않는다.

경기의 흐름에 따라서, 호황일 때 크게 성장할 곳에도 투자하고, 또 불황일 때 역설적인 성장을 보이는 곳에도 투자한다. 이는 반대로 말해서 호황일 땐 다소간의 손실을 감내하고 불황에 강한 곳에 투자하는 것이다. 통상 그런 투자처는 호황 땐 오히려 손실이 난다. 가장 단적인 예가 보험이다. 이는 보험이 작동하는 원리와도 같다. 아무런 문제가 없을 땐, 보험료로 지급한 돈을 날린 것이 되지만, 불황 땐, 유사시엔, 큰 보탬이 된다. 통상 보험은 구매자에게 불리하다. 그도 그럴 듯이 보험회사라고 땅을 파고 광석을 채굴하여 운영하지 않기 때문이다. 이는 수요공급의 법칙에 따라서 불황에서의 100만 원이, 호황에서의 100만 원보다 그 효용적 측면에서 값어치가 있다는 점에 한정하여 의미가 있다.

따라서 보험도 총자산에 따른 적정 비율이 있다. 모든 것에는 적정한 비율이 있다. 적절한 조합이 있다. 무턱대고 과도하게 구입하는 것은, 도리어 확실한 리스크를 만들 뿐이다. 그 비율과 조합에 관해서 연구하는 것, 적정선으로 분산하는 법은 인류사에서 꽤 오랫동안 고심하는 주제 중 하나다.

특별히 성경은 특정 비율을 제공해 주지 않았다. 다만 전도서 11:2과 같이 **분산**에 대해서 연구해 보라며, 아주 능숙한 지도교수가 담당 학생에게 공부의 방향성을 제시해 주는 듯한 태도를 견지한다. 경제와 돈, 부에 대한 체계적인 데이터가 존재하기 훨씬 전에, 성경은 방향성을 제공해 준 것이다. 이는 우리 성경대로 믿는 자들에겐 커다란 배려로 다가온다.

투자처의 종류나 적정 비율이란 것이 복잡다단한 과정을 거쳐 발전한 인류사에 따라 격변했기 때문이다. 성경이 만약 어떤 "거룩한" 황금비율을 제공했더라면, 우린 그저 그 숫자에 갇혀 버렸을 것이다.

이처럼 성경은 우리에게 완성된 교훈, 그저 성경대로만 믿고 살도록 하는 구절을 제공하면서도, 또한 우리에게 숙제를 안겨준다. 어떤 성경의 교훈은 우리가 시대에 걸맞게 또 사회의 변화에 맞춰서 시의적절하게 조율하고 적용할 여지가 있는 상태로 전해진다.

이를 통계적이고 과학적인 방식으로 연구하는 것을 우린 **포트폴리오 이론**(Theory of Portfolio)이라 한다. 1950년대, 해리 마코위츠는 자산군의 분산을 통해서, 격변하는 경제 상황 속에도 부를 지킬 수 있음을 수학적으로 정리

했다. 또한 어떻게 분산해야 하며 또 그 적정 비율을 주어진 상황에서 결정해 나가야 할지 방법론을 제시했다.

이 이론의 의의는, "분산함으로 얻는 불황기 때 수익의 총량이, 포기해야 할 호황기의 수익 총량보다 크다"라는 사실을 학적으로 규명한 것이다. 더 쉽게 이야기하면 분산투자를 하는 게 결과적으로 더 안전하면서도 포기해야 할 비용은 적었단 말이다.

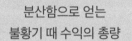

분산함으로 얻는 불황기 때 수익의 총량	>	분산함으로 포기해야 할 호황기 수익의 총량

물론 실제 이론을 제대로 설명하기 위해선 훨씬 더 복잡한 수식이 동원되어야 한다. 다만 성경이 제공하는 교훈, 그리고 그 방향성은 우리가 진득이 연구하고 살필만한 가치가 있다는 점, 그리고 아무리 기도와 하나님의 선한 뜻을 믿는 그리스도인도, 성경에 따르면, 자산군을 하나님이 주신 지혜로 분산하여 안전을 추구해야 한다는 사실을 확인하기엔 충분하리라 생각한다.

하나님이 투자하시는 법

어느 날 아침에 눈을 떠보니 20년 전으로 돌아가 있었다고 해보자. 내가 아는 대로 모든 상황이 돌아간다면, 나는 몇 개의 투자처에 투자할까? 몇 개 지역의 땅을 살까? 정답은 단 하나이다. 무수한 변수가 작용하는 예측불허의 세상에서 만약 정확한 미래를 안다면, 분산할 이유가 없다. 20년 후에 가장 크게 성장한 회사를 하나 지목하거나, 가장 큰 폭으로 상승한 지역의 부동산만을 소유하면 된다.

이렇듯 '올인', 그러니까 집중투자는, 실상 미래를 아는 경우에만 성립된다. 그런데도 우린 때때로 미래를 아는 것처럼 투자하고 돈과 자원을 다룬다. 하지만 우리가 열심히 수고하고 번 돈을 도박에 가까운 행위로 다루는 것보다 더 놀라운 사실이 있다. 예수님의 공생애를 살피면, 분명 하나님이신 예수님은 미래를 모르시는 것처럼 당신의 소중하고 귀중한 시간과 에너지, 관심 등을 '투자'하셨다.

하나님이 투자하신 방법, 특별히 예수님의 공생애를 생각한다면, 이런 논리 필연적인 방식, '미래를 안다면 올인'하는 방식으로 투자하지 않으신다. 과거 현재 미래를 모두 아시는 하나님이신 예수님은, 어째서 배신자 유다를 포함한 열둘을 택하시고, 또한 결국 돌이켜 회개하지 않는 고을에도 기적과 복음을 전하셨는가? 고라신, 벳새다에서 권능을 행하지 않으시고, 두로와 시돈에서 행하셨더라면 더 큰 반응과 결실을 경험하시리라는 것을 미리 모르셨기라도 했단 말인가?

화 있을찐저 고라신아, 화 있을찐저 벳새다야, 너희에게서 행한 모든 권능을 두로와 시돈에서 행하였더면 저희가 벌써 베옷을 입고 재에 앉아 회개하였으리라(눅 10:13)

이런 의문스러운 상황은 왜 발생한 것일까? 우리 주님께서 사람도 아는 이런 단순한 이치를 모르셨는가? 투자의 특성상, 하나님이 행하시는 방식을 고스란히 우리의 투자 습관에 대입할 순 없다. 하나님은 어떤 선택에서 **포기**를 감수할 필요가 없으시기 때문이다. 그렇기에 돈에 대한 교훈은, 투자에 대한 교훈은, 자기를 비우시고 육신으로 오셔서 활동하셨기에, 인간과 같은 '포기'를 '의도적으로' 경험하신 예수님의 공생애에 집중적으로 터를 잡는다.

우린 하나님의 방식대로 투자할 수 없다. 우리가 돈을 다루고 활용하고 또 투자하는 방식은, 관리 장에서 전술했듯, 기본적으로 우리가 가진 한계, 그러니까 미래를 모른다는 사실을 기반하기 때문이다. 그런데 예수님의 공생애에 드러난, "비효율적"인 투자를 살피면, 예수께선 효율적인 결과를 '포기'하신 것처럼 보인다. 사역의 결과로 '회심한 사람의 숫자'라는 기준으로 평가하면, 예수께선 가장 훌륭한 방안을 선택하지 못하신 것만 같다. 마치…. 예수님이 투자의 실패를 경험하신 것만 같다.

이는 성육신 하셨고 인간의 몸을 입으셨기에 경험하신 것일까? 하지만 성경은, 예수님이 육신을 입으셔서 인간의 약함과 아픔을 품으셨다고 하더라도, 당신의 신성, 그러니까 모든 것을 미리 아신다는 속성이 제한되었다 말하지 않는다.

어떤 서기관들이 속으로 이르되 이 사람이 참람하도다 예수께서 그 생각을 아시고 가라사대 너희가 어찌하여 마음에 악한 생각을 하느냐(마 9:3~4)

유월절에 예수께서 예루살렘에 계시니 많은 사람이 그 행하시는 표적을 보고 그 이름을 믿었으나 예수는 그 몸을 저희에게 의탁지 아니하셨으니 이는 친히 모든 사람을 아심이요 또 친히 사람의 속에 있는 것을 아시므로 사람에 대하여 아무의 증거도 받으실 필요가 없음이니라(요 2:23~25)

예수께서 당신의 소중한 공생애의 기간을 투자하여 얻으려 하셨던 **목적**이, 우리가 통상적으로 사역의 성패를 평가하는 '성도 수'나 회심한 사람들의 '숫자'가 아니었다면, 이 의문이 해소된다. 예수의 사역은, 열둘이란 숫자의 제자를 얻으려 하심이 아니다. 예수께선 **베드로, 안드레, 야고보, 요한, 빌립, 마태, 시몬, 도마, 나다나엘, 작은 야고보, 유다**를 얻으려 하셨다. 단순히 숫자에만 집중했을 때, 예수님의 투자가 비효율적이지만, 그 숫자를 구성하는 요소요소를 지목하고 그 이름을 부르니 가장 '효율적'이 된다.

통상 어떤 체제나 문화로 구성된 **정신**은 50년을 버틸 수 없다. 몸이 멀어지면 마음도 멀어진다. 무수한 사업체가 아주 카리스마 있는 설립자가 떠나고 급격히 그 '초심'을 잃고 무너졌다는 이야기는 흔하다. 하지만 예수님이 짤막한 공생애를 통해서 이룩하신 것은, 사도행전의 시기를 거치고 그 이후를 넘어 2천 년 이후 물 건너 바다 건너고 산을 넘어야만 이윽고 당도할 수 있는 우리나라에도 고스란히 전달되었다.

오히려 미증유의 성공이며 3년의 공생애 기간으론 도무지 이룰 수 없는 위업이다. 따라서 성경에 묘사한 하나님의 투자, 특히 예수님이 투자하신 방식은, 그 형태를 닮아가는 것으론 반쪽짜리 적용이다. 하나님의 기준, 하나님의 시선, 그분이 중요하게 여기신 부분이 무엇인가 집중할 때 비로소 의미가 형성되고 오늘날에도 적용할 형태를 띤다.

하나님은 지금만을 보지 않으신다 : 미래가치

그리스도께서 주신 천국의 비유엔 우리의 구원을 대하는 자세, 청지기로서의 태도, 그리고 투자에도 적용할 교훈이 담겨있다. 특별히 마태복음 13:31~33엔 천국을 겨자씨, 누룩(효모, 빵을 부풀게 한다)에 비유한다. 둘 다 시작점에선 볼품없어 보이지만, 향후, 큰 결실이 되는 경우를 상징한다. 이는 널리 사용되는 투자 격언이자 전략인, "buy low, sell high"(싸게 사서 비싸게 판다)을 연상하게 한다.

기본적으로 투자는 미래지향적이다. 따라서 현재가치를 포기해서 미래가치를 획득하는 과정으로 요약할 수 있다. 현재에, 눈에 보이지 않는 미래의 가치를 다루고 붙잡을 때 작용하는 것이 바로 **믿음**이다. 그렇기에 '믿음장'이란 별칭으로도 알려진 히브리서 11장은 내용은 투자란 관점에서 보아도 적용할 많은 교훈이 담겼다. 11장에 언급한 구약 인물들은 모두 보이지 않는 동안에 장래에 이뤄질 일들을 기대하며, 현재의 고단함도 감수하며 인내했다.

다만 그들은 통상 투자를 결정하는 투자자와는 사뭇 다른 근거를 가지고 오늘의 가치를 포기했다. 투자자들은 시장에 대한 전망과 분석 또는 투자 정보 등을 토대로 투자를 감행한다. 하지만 히브리서 11장에 등장하는 믿음의 선진들은 그야말로 하나님의 약속을 믿는 믿음으로 오늘의 가치를 포기했다.

그들은 하나님이 주실 것들을 소망하고 바라봤다. 그들이 믿었을 당시에 가졌던 증거는 오직 하나님의 응답뿐이었다. 이는 비단 외부적인 증거의 결여만을 이야기하지 않는다. 당시에 그 약속을 받는 대상들의 처지도 그 약속을 받기에 자격이 턱없이 부족한 경우가 많았다. 성경의 무수한 인물 중에서 그들이 하나님에게 받은 약속에 걸맞은 존재인 상황에서 받은 경우는 극히 드물었다. 아브라함과 사라의 경우도, 자녀를 얻기엔 너무 노쇠한 상태에서 이삭에 대한 약속을 받았으며, 아브라함이 받았던 이스라엘 민족의 터전으로서의 가나안의 경우는, 당시 그저 허허벌판, 미개발지였다.

표면적인 이야기만 살피면 하나님께선 결코 믿을 수 없는 상황 속에서 믿도록 하시는 분인 것만 같다. 하지만 그 내면의 상황까지 고려하면, 하나님이 그 모든 대상과 그들에게 이루실 일들을 보고 다루시는 관점, 특히 투자라는 측면에 적용할 만한 요소를 함의하고 있다. 앞서 하나님이신 예수께서 사역을 통해 당신의 소중한 공생애의 시간과 자원을 투자하신 목적은, 단순한 숫자가 아니라 제자들 그 자체였다 나눴다. 그토록 예수님의 공생애가 중요한 이유는, 그분의 근원적 고귀함도 한몫하지만, 공생애라는 3년의 기간 때문이기도 하다.

조금 다르게 생각한다면 공생애가 3년이란 말은, 예수님의 사역엔 시간제한이 있었단 말이다. 물론 이는 예수께서 시간제한에 쫓기며 어떤 상황에 제한당하셨단 것이 아니다. 예수께서 제자들을 길러내시고 그들을 사도로 세우시며, 또한 향후 2천여 년간 그리스도를 믿는 복음이 교회 시대를 통해, 멀리 산을 넘고, 바다를 건너서 오늘날 우리에게도 전달되기까지 토대를 만드시는 것에 예수께선 단 3년이 필요하셨단 의미다. 하지만 온전한 사람이기도 하신 예수님의 삶으로서 그 3년을 본다면, 죽음까지 3년이 남은, 이른바 '시한부의 3년'이라 부를 수 있을 것이다.

우리에게 만약 3년의 수명이 남았다면 어떻게 살까? 내가 3년 이후 몇 날, 몇 시, 어느 장소에서 반드시 죽는다는 것을 안다면 우리의 삶은 어떻게 변화할까? 우리의 생각과 씀씀이는? 분명 과거와는 다르게, 그 사실을 몰랐을 때와는 다른 마음가짐을 가지고 하루하루 충실하게 살려 할 것이다. 내 기분대로 내 사랑하는 사람들에게 상처를 준다거나 내가 부끄럽다는 연유로 사랑을 표현할 기회를 놓치진 않을 테다. 아마도 부모님과 친구 연인과의 대화에서 사랑한다는 고백을 후회함 없이 표현하고자 할 것이다. 한 끼를 먹더라도 허투루 먹지 않을 것이고, 더러는 소중한 사람들을 위해서 생활비를 남기기 위해서 보험에 가입하기도 할 거고, 그간 해보고 싶었던 일, 해야 했던 일들을 해나갈 테다.

예수님의 공생애가 그랬다. 예수님이 느끼셨을 기회비용이란 남들과 다를 수밖에 없다. 왜냐하면 예수께선 십자가라는 분명한 목적의식을 가지고 이 땅에 오셨고, 당신의 때를 분명히 알고 계셨다. 그런데도 예수께선 당신의 그 소중한 하루하루를 투자하셨다. 제자들과 그리고 당시 민중과 또 우리에게.
무엇을 희생하는 줄 알고 내어주는 손길은 어찌 그리 아름다운지! 또 포기하는 기회비용을 분명히 알고 투자하는 그 결단은 또 얼마나 결연한지! 그리스도께선 당신이 이 땅에서 지내실 3년의 세월을 오롯이 투자하셨다. 그리고 말할 것도 없이, 예수께서 투자를 결정하신 시점에서 제자들은 그런 투자를 받을 가치가 없었다.

우리 인생의 마지막이 3년만 남았다고 한다면, 새로운 관계를 맺기보단 이미 가지고 있는 관계에 집중할 테다. 하지만 반대로 예수님은 기존의 모든 관계와 터전을 떠나 전혀 새로운 이들을 만나셨다. 예수께서 만난 자 중에선 시몬 베드로도 있었고, 가룟 유다도 있었으며 날 때부터 눈이 멀어 고단한 청년이나 혈우병으로 고생하던 여인, 자기 종을 끔찍하게 사랑하고 아끼는 백부장, 자신이 가진 떡과 물고기를 내어드린 어린아이, 그리고 또 우리가 있었다. 더러는 예수님을 깊이 사랑했고 더러는 예수님을 존경했다. 하지만 애석하게도 공생애 기간 중, 진정 예수님을 이해하는 자는 없었다. 최측근인 제자들조차 예수님에 대해서 제대로 알지 못했으며, 하나님이 알려주신 후에야 그리스도이심을 고백할 수 있었다. 하지만 그런 수제자조차도, 자력으론 예수님을 3번이나 부인하고 저주하는 귀책까지 저질렀다. 기회 비용적인 측면을 보더라도, 아니 그런 복잡한 셈법을 내려놓고 단지 안락함이란 측면만 보더라도 예수님의 마지막 3년은 결코 현명한 시간 소비법은 아닌 것으로 보인다.

이렇듯 하나님이 투자하시는 방법은 차원이 다르시다. 우리는 미래의 얻을 무언가가 필요해서, 간절히 바라는 것이 있어서 투자한다. 기꺼이 오늘날의 아주 소중한 것을 내어준다. 하지만 하나님께선 원하시는 것이 없으시다. 그럼에도 불구하고 내어주신다. 그렇기에 단순히 투자 이론으로 설명하기 극히 어렵다. 그래서 십자가에서 보인 사랑 앞에서 일단 무릎이 꿇린다. 입이 다

물어져 말이 나오지 않는다. 그리고 대신 울음이 새어 나온다. 눈물이 일단 쏟아지기 시작하면 펑펑 흘러내린다.

왜 그토록 주님은 3년간 소비 일변도의, 포기 일변도의 투자를 하셨는가. 아무것도 얻을 수 없어 보이는 길을 가셨나? 그리고 그 길 끝에 자리한 십자가에 내어 달리셔서 남은 피와 물마저 내어주셨나? 실로 애석하게도 우리는, 하나님 아버지께서 독생자를 그 정도로 내어버리고 찢어지도록 방치하지 않으셨다면, 주께서 우리를 사랑하신다는 것을 느끼지 못하는, 영적으로 둔한 존재여서 그리 하셨다. 그래서 하나님은 모든 것을 내어주셨다. 단지 우리에게 표현하시기 위해서.

분명 죄의 대속이라는 신학적인 의미가 있다. 하지만 단지 어린양이 죄를 대속하기 위해서 화목제물로 번제단에 오르는 절차라고 생각하기에는, 그 과정 중, 예수께선 3년간 편히 쉬시지도 못했다. 또 머리 둘 곳을 얻으시지도 못했다. 안식일에도 병자를 고치셨던 주님을 다르게 말하면, 그분은 안식일에도 쉬지 못하고 일하셨다. 우리를 위해서. 그도 그럴 것이 그분껜 3년의 시간밖에 없으셨다. 그분은 마치 하루가 아까운 양, 1분 1초라도 우리에게 더 표현하시고 더 어루만져 주시고 싶으신 양, 많은 병자 고치시고 피곤하신 와중에도 당신께 찾아와서 안수해 주시길 구하는 아이들을 물리치지 않으셨다. 십자가는 그분의 죽으심이 완성된 자리일 뿐, 그분은 늘 당신을 포기해 오셨다. 그저 우리를 위해서.

어쩌면 하나님의 방식은 '싸게 사서 비싸게 판다'라는 투자의 기본원칙과

정면으로 반대된다고 할 수 있다. 하나님은 참으로 우리를 비싸게 사셨다. 예수님, 그분의 일생 전부를 내어주셔서 사셨기 때문이다. 그리고 우리를 팔지 않으신다. 투자는 그 대상 자산군의 보유만이 목적이 되는 것이 드물다. 보통은 팔아서 시세차익을 누리기 위해서 특정 시점에 구매하여 보유하다가 판다. 물론 존 보글과 같은 투자의 달인 같은 경우는 "모든 주식을 소유하고 또 보유하라"라고 역설했다. 하지만 하나님은 단순히 보유하시는 것이 아니라 아예 우리를 통해서 이익을 얻으실 생각이 없으신 것만 같다.

투자를 생각하니까. 돈의 속성을 생각하니까. 예수께서 얼마나 말도 안 되는 희생을 감행하시고 결정하셨는지 더 선명하게 보인다. 그래서 예수 그리스도가 장차 이루실 십자가 사역에 대해 계시하시면서, 이사야에게 하나님께선 "내 생각은 너희 생각과 다르며 내 길은 너희 길과 달라서 하늘이 땅보다 높음 같이 내 길은 너희 길보다 높으며 내 생각은 너희 생각보다 높으니라"라고 말씀하셨던 모양이다(사 55:8~9).

그렇다면 더욱 확실해지는 것이 있다. 하나님은 지금만 보시지 않는다. 우리는 지금이라고 하면 단순히 시간 축에서 지금을 생각한다. 하지만 하나님은 시간 축 밖에 계신 분이다. 그렇다면 그분의 투자 방식도 설명이 된다. 그분은 지금만 보시지 않는다. 다시 말해 이 세상, 이 역사, 이 시공간만 보시지 않는다.

그분께선 영원을 통해 이루시고자 하는 바가 있다. 보통 우리는 그리스도의 말도 안 되는 희생을, 이윽고 성장하여 늠름한 사도의 모습이 된 제자들의 모습과 또 그들의 사역을 통해서 복음화된 로마, 그 그리스도의 도가 2천 년의 세월을 넘어 우리에게 전달된 것으로 설명한다. 하지만 그럴지라도 우린 안다. 그 전부를 다 더해도 그리스도가 보이신 희생이 합리화가 되지 않는다는 것을.

그렇기에 우리는 그것을 사랑이라 표현하길 주저하지 않는다. 그조차 부족해서 결국 은혜로 범벅된 사랑이란 표현이 맴돈다. "하늘을 두루마리 삼고 바다를 먹물 삼아도, 하나님의 사랑 다 표현 못 하네" 찬양이 절로 나온다. 그렇기에 믿을 수 있다. 하나님이 그리스도를 통해서 이루신 것은 아직도 진행형이라고, 우리의 인지능력을 뛰어넘는 부분까지, 우리의 '지금', 우리의 '시간 축'을 넘어서 크고 놀라운 일을 여전히 이루고 계신다고. 당신의 독생자 예수를 우리에게 주심으로, 그분의 전부를 우리에게 투자하심으로 이루고 계신다고.

화폐의 시간가치 : 믿음의 시간가치

> 그러면 네가 마땅히 내 돈을 취리하는 자들에게나 두었다가 나로 돌아
> 와서 내 본전과 변리를 받게 할 것이니라 하고(마 25:27)

마태복음 25:14~28은 그 유명한 달란트 비유를 담고 있다. 어느 날 주인이 멀리 타국에 가면서 종 셋에게 각각의 재능대로 금 다섯 달란트, 두 달란트, 한 달란트를 각각 맡기고 운용하도록 했다. 오랜 후 주인이 돌아와서 보니, 다

섯 달란트 받은 자와 두 달란트 받은 자는 그간 장사를 하여 두 배의 수익을 보았다. 하지만 한 달란트 받은 종은 지혜롭지 못하여 주인이 맡긴 한 달란트란 거금을 그저 땅에 묻어뒀다가 고스란히 가져왔다.

"주인님은 노력하지도 않고 돈을 벌려 합니까? 그래서 그냥 묻어놨습니다. 그래도 밑진 건 없지 않습니까? 여기 당신의 돈이 그대로 있으니 받으십시오."

당연히 주인은 황당해했다. 이 종은 주인에 대한 존중이 없을뿐더러 돈조차 이해하지 못하고 있다. 이에 대한 주인의 대답이 바로 마태복음 25장 27절의 말씀이다. 그리고 여기엔 아주 흥미롭게도 당시에도 오늘날 은행과도 흡사한 시스템이 존재했다는 사실을 알 수 있게 하는 근거와 함께 당시 사람들의 돈에 대한 인식이 담겼다. 주인은 대답한다.

"정 네 뜻이 그랬다면, 은행에라도 맡겨서 이자나 받게 하지 그랬니?"

그렇다. 종의 말과는 다르게 실제로 주인은 밑졌다. 실제로 주인은 돈을 잃었다. 과거의 한 달란트와 주인이 귀환한 오랜 시간 뒤의 한 달란트는 전혀 다른 구매력을 가지고 있기 때문이다. 이게 어떻게 된 걸까?

화폐의 **시간가치**(Time Value of Money, TVM)는 오늘 가진 돈은 미래에 얻을 동일한 양의 돈보다 더 비싸다는 의미이다. 이런 현상이 발생하는 주된 이유는, 그 사이에 돈을 활용할 수 있기 때문이며, 또한 인플레이션의 영향으로 돈의 구매력이 하락하는 까닭이다.

아주 간단히 말해서 오늘 받을 100만 원을 1년 뒤에 받는다면, 실질적인 가치를 따졌을 땐 그 이자만큼 손해를 본다. 가령 1년간 은행 이자가 5%라고 하자, 그렇기에 오늘 내가 100만 원을 받아서 은행에 저금하면, 1년 뒤에 그 돈은 105만 원이 된다. 따라서 1년 뒤에 100만 원을 받으면 5만 원만큼 손해를 본다. 또한 인플레이션이 돈이 가진 구매력을 점진적으로 하락시킨다. 그러므로 상대적으로 안전한 자산군에 돈을 두어, 최소한의 이자를 얻는 것을, 인플레이션에 대한 방어라는 표현으로 지칭하기도 한다. 이 모든 이야기를 한마디로 요약하면, **"오늘의 돈이 가장 비싸다."**

어쩌면 한 달란트 받은 종의 미련함은, 동료 종들이 받은 돈을 두 배로 불릴 동안 아무것도 하지 않고 땅에 묻어놓은 행위 자체에 있지 않다. 내용으로 보건대, 주인이 종을 책망하고 쫓아낸 이유는 단순히 주인에게 손실을 끼쳐서가 아니다. 모든 장사와 투자가 잘 풀릴 리는 없고, 주인은 어디까지나 능력대로 달란트를 나눠줬으니, 한 달란트 받은 종에게 과도한 기대는 걸지 않았을 터이다. 어쩌면 그에게 실전적인 경험을 쌓을 기회를 주려 했을지도 모른다. 차라리 돈을 불리려고 노력하다가 일정 부분 손해를 봤다면 용서도 가능하다.

이야기의 흐름을 보면, 이 사건 이후로도 주인은 종들을 청지기 삼아서, 더욱 불어난 밑천을 관리하고, 투자하며, 사업을 진행하게 할 테다. 하지만 한 달란트 받은 종은 그의 변명을 통해 돈에 대한 무지가 들통났다. 그는 어떤 시행착오로 가치 있는 경험이나 교훈을 얻은 것도 아니며, 돈에 대해선 아무것도 모르고, 마지막으로 주인에 대한 태도조차 불순한 자다. 따라서 청지기 역할을 할 종이 필요한 주인 입장에서 한 달란트 맡은 종은 필요가 없다.

한편, 화폐의 시간가치(TVM)로 예화에 등장하는 주인의 반응이 설명된다는 것은, 결국 예수님의 공생애 시절에도 TVM이란 개념에 대한 인식이 있었단 말이 된다. 그렇다면 다음으로 상기해 볼 것은, 이 달란트 비유는 천국을 설명하시는 방편이란 점이다. 오늘의 돈이 가장 비싸며, 시간이 흐름에 따라 그 동일한 양의 돈이 가진 구매력이 감소한다는 법칙이 천국과 도대체 무슨 관계가 있을까?

예수님은 다양한 비유와 예화로 천국의 면모를 입체적으로 설명해 주셨다. 덕분에 우린 다채롭게 이야기를 살피며, 우리의 언어로 다 형용할 수 없는 하나님의 나라를 심상에 그리며 기대할 수 있다. 주님의 가르침을 살필수록 TVM이란 개념은 천국을 이해하는 것에 아주 중요한 힌트란 사실을 알 수 있다.

천국은 마치 그 가치가 아직 완전히 드러나지 않은 보물, 그러니까 비유하자면 내연기관의 발명과 화학공학의 발전 직전에 발견한 유전과 같다. 그럼에도 그 진가를 알아본 자가 천국을 소유하려면 전부를 내어줘야 간신히 살 수 있다(마 13:44).

천국은 당장 크기가 아주 작고 가치가 적은 것으로 여겨진다. 이는 마치 겨자씨와 같다. 하지만 곧 자라서 엄청나게 커진다. 일단 자리하여 울창한 나무처럼 되면, 그것을 내 소유지로 옮겨 심을 엄두가 나지 않는다(13:31-33).

그렇다면, 천국에 들어갈 기회엔 시간제한이 존재한다. 석유의 가치가 시장가격에 완전히 반영된 이후엔, 유전이 있는 땅은, 너무 값비싸서 결코 같은 액수의 돈으론 구매할 수 없다. 또한 내 집 마당에 겨자 나무를 소유하기 위해선 아직 그것이 씨앗일 때나 심을 수 있을 터다. 이런 시간적 제한을 예수께선 열 처녀(결혼식의 들러리) 비유와 아들의 결혼을 배설한 왕의 비유로 확인해 주셨다(마 22:2-13; 25:1-15).

우리는 다행히도 천국이 상인으로 의인화하여 천국이 가진 전부로 '좋은 진주'인 우리를 산 존재이다(마 13:45-46). 이는 그 육신 전부를 주셔서 우릴 대속하시고 십자가에서 죽으사 우리 모두를 구원하신 주님의 공로를 생각하게 한다.

비유에 명시한 우리가 천국을 구매하기 위해 지불할 것은, 주님이 우리에게 주신 선물인 믿음 전부이다(엡 2:8; 살후 2:13; 벧전 1:9). 그래서 우리가 천국을 구매하고 나면, 구매에 사용할 믿음이 남아있지 않다. 예수께서 십자가에서 우리를 대속하시기 위해 물과 피 한 방울 남기지 않으시고 아낌없이 전부 내어주신 것처럼, 우리 모든 믿음은 예수 그리스도를 믿는 믿음으로 전부 내어드린 바 되었다. 따라서 천국을 진정으로 "구매"한 자는 별다른 강제성이 없다 하더라도, 주님 이외에 다른 존재에게 믿음을 두거나, 혹은 복음 아닌 것을 믿을 능력 자체를 상실한다. 지불 능력이 없는 것이다. 그 정도로 천국과 구원은, 지금의 우리에게도 비싸다. 우리가 가진 믿음 전부를 요할 만큼.

앞서 언급한 화폐의 시간가치(TVM)를 우리가 가진 믿음과 천국에 대입하면 예수님의 천국 예화에 왜 늘 시간제한이 등장하는지 바로 와닿는다. 우리가 지급해야 할 영적인 "돈", 그러니까 우리 믿음 전부의 가치는 지금은 천국과 구원을 구매할 만한 가치가 있지만, 곧 너무 늦었을 때가 온다. 성경은 그때를 아무도 알 수 없다 한다. 성경의 표현에 따르면 "도둑같이 오는" 그때는, 우리의 믿음으론 도저히 천국을 살 수 없는 시점이기도 하다. 그때가 되면 천국은 이 땅에 임한다. 눈에 보이지 않아 믿음으로 그 실상을 그려내야 하는 시기는 지나고, 곧 모든 눈이 하나님의 영광을 보는 때가 온다. 이제 천국은 마치 울창한 나무와 같다. 눈에 보이고 만질 수 있는 요소가 된다. 그렇다면 믿음은 그 역할을 다한다. 그때가 되면, 그제야 믿는다고 외쳐도 소용없다.

시장경제에서 이는 우리도 직간접적으로 빈번히 경험하는 예이다. 무명이었던 회사가 상장하고 그 시가총액이 10년 만에 20배나 올랐다면, "하다못해 5년 전에 사둘 걸"하는 생각이 절로 든다. 온통 논밭에 달구지나 다니던 땅이 개발되어 그 가격이 천정부지로 치솟을 땐 박탈감조차 느낀다.

예수님의 공생애 시절에도 이런 일들이 드물진 않았던 모양이다. 아직 눈에 보이지 않아서 이해하기 더없이 어려운 천국을 제자들과 따르는 무리에게 설명하기 위해서, 예수께선 가장 직관적이고 손쉬우며, 그들이 관심이 있기에 공감할 수 있는 상징을 비유에 사용하셨다. 공교롭게도 그건 돈이었다. 예수님의 사역 터인 이스라엘이 동방의 부와 로마의 풍요가 교류하는 교차로에 있는 덕분에, 예수님이 제공해 주시는 천국의 비유는 청중들의 주변에도 일어나는 아주 친숙한 이야기였다. 그렇기에 당시 청중들은 남녀노소 할 것 없이 예수님의 이야기를 즐겁게 들었다. 또한 제자들도 천국이라는 어려운 개념을 이해할 수 있었다(마 13:51). 하지만 세월이 흘렀다. 그 당시 사람들이 즐거이 들었던 비유와 예화는 우리에겐 난해 구절(해석이 어려운 구절)이 되었다.

하지만 이는 우리에게 애석함을 안겨줄 요소가 아니다. 예수께선 돈과 재물에 대한 비유를 다수 채택하셨다. 따라서 우리가 돈에 대해서 생각하고 또 배운다면, 예수님의 가르침과 성경을 더 잘 이해할 수 있는 것은 물론이요. 복잡다단한 오늘날 경제시장에서도 많은 효익을 누릴 수 있다. 돈에 대해 제대로 아는 그리스도인은 더 나은 가치를 추구하고, 윈윈(win-win, 상호이익)하는 거래로 선한 영향력을 끼친다. 마음을 지키면서도, 돈을 표현의 도구로 활용하여 행복의 총량을 극대화한다. 기회비용을 생각하며, 지혜의 영이신 성령께서 함께하시는 사람에 걸맞게 관리함으로 하나님이 주신 부를 지키고, 현명하게 투자함으로 돈을 통해 효율적으로 주께서 맡기신 사명과 지경을 다스린다. 그리고 그렇게 지키고 형성한 부는 결국 이 책 7장에서 다룰 '오병이어의 즐거움'을 경험하는 재료가 된다.

7장

효익 Benefit

왜 그리스도인도 돈/재물이 필요한가?

불기둥과 구름 기둥으로 보위하심을 매일 같이 경험했으며, 먹거리 또한 하늘에서 내린 떡과 고기, 즉 만나와 메추라기로 공급받던 출애굽한 이스라엘 자손들은, 광야에서 그 옷이 해어지지 아니하였고, 발이 부르트지 않는 기적 속에 살았다. 아마 광야에서 태어난 2세대 이스라엘 백성의 경우는, 자기들 일상을 수놓는 기적이 기적이라기보단 원래 그런 일상적인 요소로 생각했을 테다. 게다가 추후에 그들이 가나안을 정복하여 얻은 것들은 모두, "짓지 아니한 집," "쌓지 않은 성"이다. 이런 상황 속에서도 이스라엘 백성은 **돈**을 사용한 흔적이 있음이 참으로 흥미롭다.

무엇보다 이스라엘 백성이 '돈'을 소유하게 된 것은, 의식주 모든 부분에서 충족해 주시는 하나님의 명령과 도우심에 기반한 점이 새롭다. 주님은, 이스라엘 백성이 이집트에서 종살이를 한 부분에 대한 정당한 몫을 받게 하고자 하셨다. 그래서 하나님은, 여인들에게 명령하시어 그간 수혜를 본 이집트 사람들에게 은, 금, 그리고 의복으로 대표되는 노동에 대한 **임금**을 청구하라 명하신다. 그리고 그것들로 자녀를 꾸미라 하신다.

> 내가 애굽 사람으로 이 백성에게 은혜를 입히게 할찌라 너희가 갈 때에 빈손으로 가지 아니하리니 여인마다 그 이웃 사람과 및 자기 집에 우거하는 자에게 은 패물과 금 패물과 의복을 구하여 너희 자녀를 꾸미라 너희가 애굽 사람의 물품을 취하리라(출 3:21~22)

물론 그 명령과 약속은 곧바로 이뤄지진 못했다. 이집트의 지배자들은, 귀중한 인력이 이집트를 떠나는 것을 달갑게 여기지 않았다. 그도 그럴 것이 그 시절엔 인구가 곧 국력이던 시절이기에 이스라엘 자손들을 보내달라는 모세의 청은, 사실상 그들의 기득권과 국력을 내려놓으란 요구였다. 하지만 '이집트의 10가지 재앙'으로 회자하는 일련의 기적으로 인해, 파라오는 결국 이스라엘 자손들의 출애굽을 허한다. 이때가 되어서야 이스라엘 백성은 주님이 주신, 임금 청구의 명령을 이행할 수 있었다(출 12:35~36). 문자 그대로 그 명령을 실행했다고 상상하면, 출애굽 하는 이스라엘 백성들의 어린 자녀들 몸엔 은금 패물과 의복이 걸쳐져 있어서 금의환향의 행렬과 같았을 터다.

　이 사건은 그들의 조상 야곱이 부당한 계약으로 일방적 이익을 취하던 라반에게서 정당한 임금을 받고 떠날 수 있게 도우셨던 하나님이, 출애굽기 시대의 이스라엘에도 동일하게 역사하고 계신다는 상징적인 의미가 있다. 하지만 이 **돈**은 단순히 출애굽으로 금의환향이 되게 하시고, 야곱의 하나님이 여전히 이스라엘 민족과 함께하신다는 것을 보여주시기 위함만은 아녔다.

　늘 기적이 함께하던 광야, 그곳을 횡단하는 와중에도 돈은 여전히 그 유용한 기능을 잃지 않았다. 출애굽기에 명시적으로 기록하고 있지 않지만, 광야에 자리한 다양한 세력과 부족, 이집트와 주변국을 오가던 상단 등과 교류하기 위해서 그것을 활용했다. 다만 하나님이 이스라엘 백성들에게 은금 패물과 의복을 받고 나가라 명령하신 가장 주된 이유는, 신명기에 기록한 하나님이 직접 지정하신 사용처를 통해 알 수 있다.

　너는 또 백성에게 명령하여 이르기를 너희는 세일에 거주하는 너희 동족

에서의 자손이 사는 지역으로 지날진대 그들이 너희를 두려워하리니 너
희는 스스로 깊이 삼가고 그들과 다투지 말라 그들의 땅은 한 발자국도
너희에게 주지 아니하리니 이는 내가 세일 산을 에서에게 기업으로 주었
음이라 너희는 돈으로 그들에게서 양식을 사서 먹고 돈으로 그들에게서
물을 사서 마시라(신 2:4~6)

이스라엘이 가나안으로 나아가는 길목엔 에서의 자손이 차지한 **지경**인,
에돔 땅이 있었다. 그곳은 어느 한적한 시골이 아녔다. 그 유명한 **왕의 대로**
(King's Highway)가 관통하는 곳으로, 그 도로는 이집트와 시리아, 메소포타
미아를 잇는 당대 '고속도로'였다. 특히 에돔의 수도인 페트라는, 이 도로의
핵심 경유지 중 하나로 많은 대상이 오갔던 길목이다. 세일 산의 특유한 구조
와 섬세한 수자원 관리 시스템 덕에 황량한 사막 한가운데에서 보급에 꼭 필
요한 물과 자원을 얻을 수 있는 아주 주요한 곳이었기에, 때론 '사막의 오아
시스 도시'라 불리기도 했다.

그곳은 일찍이 하나님이 에서에게 주신 삶의 터전이다. 비록 430년의 세
월이 흘렀지만, 하나님은, 에돔 족속을 이스라엘의 **동족**이라 말씀하신다. 기
억이 희미해졌을 이스라엘인들을 돕기 위해서, 그들에게도 잘 알려진 야곱과
에서 이야기의 **에서**를 언급하시며 그 후손인, 거주민들을 두렵게 하지 않도
록 깊이 삼가라 명령하셨다. 다른 모든 땅은 밟는 대로 주신다는 주님께서 유
독 에돔 땅은 주지 않으신다고 하셨다. 이는 에돔 족속을 보호하시려는 취지
였다. 그리고 그 강력한 방편 중 하나로 돈을 활용하라고 하신다. 400여 년
세월의 차이를 넘어 이스라엘하고 에돔이 돈을 소재로 교류를 시작했고, 상

호 간 분쟁이 없이 그 일대를 통과했다.

나를 네 땅으로 통과하게 하라 내가 큰길로만 행하고 좌로나 우로나 치우치지 아니하리라 너는 돈을 받고 양식을 팔아 내가 먹게 하고 돈을 받고 물을 주어 내가 마시게 하라 나는 걸어서 지날 뿐인즉 세일에 거하는 에서 자손과 아르에 거하는 모압 사람이 내게 행한것 같이 하라 그리하면 내가 요단을 건너서 우리 하나님 여호와께서 우리에게 주시는 땅에 이르리라 하나 헤스본 왕 시혼이 우리의 통과하기를 허락지 아니하였으니…(신 2:27~30a)

하지만 그럴지라도 돈이 작용하여 도출해 낸 결과가 늘 같지는 않다. 헤스본 왕 시혼에겐 역으로 그 돈이 전쟁 명분이 된다(신 2:24~37).

이렇듯 만나와 메추라기, 그리고 불기둥과 구름 기둥, 또한 해어지지 않는 옷과 발이 부르트지 않는 신발로 대표되는 전적인 하나님의 **보장**(Provision)엔 또한 그들이 광야에서 활용할 돈도 있었다. 그리고 이를 위해서, 그들에게 은과 금 패물과 의복을 취하라 명령하신 것은 다름 아닌 하나님 자신이시다.

성경에서 대단히 비일상적이고 굉장히 기적적인 삶을 영위한 출애굽 한 이스라엘 백성들도 돈이 필요했다. 소위 기적이 상식이었던 그런 이들이 돈을 활용하여 거래했고, 교류의 소재로 이용했다. 게다가 분쟁도 겪기도 했으니 그야말로 돈을 활용할 수 있는 것엔 제한이 없다. 아마 광야에서 구하기 요원했던 신선한 채소와 과일, 각종 간식, 또 다양한 기구와 소재, 생활용품, 심지어 아이들 장난감까지, 오가는 대상에게 구매하였으리란 상상도 가능하다. 그도 그럴 것이 그들에게 주어진 돈을 활용할 자유는 대단해서 심지어 그들은 은금으로 금 송아지를 만들어 반역하기까지 했으니까 말이다(출 32:1~8).

그렇다면 차라리 하나님이 만나와 메추라기에 더해 다른 온갖 필요한 것들을 마련해주시고, 뭇 민족과 교류 또한 기적적으로 하게 해주시면 되지 않았을까? 차라리 돈을 주지 않으셨다면 금 송아지를 만들어 죄를 저지르지 않을 수 있지 않았을까?

하지만 하나님께선 이스라엘 민족을 단순히 탈출한 무리로 두시길 원치 않으셨다. 그들을 국가로 탈바꿈하고 계셨다. 그리고 국가가 형성되기 위해선 돈을 활용할 수도 있어야 한다. 돈을 통해서 국가를 경영하고 관리하는 법을 이스라엘 민족이 배워야 했다.

예일대의 재무-경영 교수인, 괴츠만은, 그의 저서 *Money changes everything*에서, 돈과 재정이 인류가 문명을 형성하고 발전하는 것에 있어 아주 핵심적인 역할을 함을 밝혔다. 그에 따르면, "교환, 무역, 문화, 기술, 외교, 사회혁신 등, 하나의 국가가 형성되는 데 필요한 진보는, '돈'의 발전과 아주 밀접한 연관이 있다"라고 주장했다. 그렇다면, '돈'이란 것은 이스라엘이란 민족이 국가로 발전하기 위해서 꼭 필요한 문명의 **연료**가 된다. 하나님은 이스라엘은 아주 발전한 국가로 형성하시고자 했다. 그래서 그들에게 미리 **돈**을 다룰 기회를 허락하신 것이다.

소가 없으면 구유는 깨끗하려니와 소의 힘으로 얻는 것이 많으니라(잠
14:4)

그렇다면 십자가 이후의 삶을 살아가는 그리스도인들에게도 **돈**이란 것을
허용하시고 **부**를 형성하는 지혜를 마련해주시는 이유도 더듬어 알 수 있다.

돈은 주님이 우리를 괴롭게 하시기 위해서, 죄의 유혹을 느끼게 하시기 위
해서 주신 소재가 아니다. 돈은, 하나님께서 과연 하나님과 돈 사이에서 우
리가 무엇을 고르나 보시기 위한 소재가 아니다. 전지하신 하나님께 그런 시
험이 필요할 리가 없다(약 1:13). 돈이 출애굽 한 이스라엘 백성이 국가를 이
룰 필수 불가결한 학습 도구가 되었듯, 오늘날 돈도 우리가 **지상대사명**(마
28:18~20)을 감당하기 위한 도구이다. 물론 그뿐만 아니라, 우리 삶을 삶답게,
우리가 사랑도 표현하고 또 내가 맡은 것들을 관리하고, 또 세상의 다양한 면
면을 살필 수 있도록, 우리 안에 담긴 다양한 뜻을 펼칠 수 있도록 우리에게
주신 소재다.

그 뜻엔 하나님이 주신 사명도 있다. 가장 중요한 사명 이외에도 우리 일상
을 수놓는 좋은 것들도 있다. 이집트에서 기적으로 종살이를 청산해 주신 하
나님께선 또한 만나를 주셨다. 그뿐 아니라 메추라기도 주셨다. 그것만으론
뭔가 아쉬우니, 은금 패물로 대표되는 돈을 주시고 시기마다 좋은 상인과 친
절한 부족들을 만나게 하셔서 다양한 물품과 과일이니 채소니, 간식이니 하
는 것들을 보충하게 하셨다. 하나님은 가나안 땅에 들어가는 사명만 주신 것
이 아니라, 그 처절하고 치열한 광야에서도 행복한 삶을 영위하며 서로 나누

게 하셨다. 그들에게 필요한 것이 끝없이 많으니, 그 모든 것의 가치를 상징하는 도구인 돈을 주셔서 슬기롭게 사용하라 하셨다. 그것을 통해서 그들이 더 큰 것을 관리하고 다스리는 학습을 할 수 있도록 하셨다. 우리 하늘 아버지 하나님께서 그렇게 하셨다.

야베스, 지경

> 야베스가 이스라엘 하나님께 아뢰어 가로되 원컨대 주께서 내게 복에 복을 더 하사 나의 지경을 넓히시고 주의 손으로 나를 도우사 나로 환난을 벗어나 근심이 없게 하옵소서 하였더니 하나님이 그 구하는 것을 허락하셨더라(대상 4:10)

이는 그 유명한 야베스의 기도다. 한때 신자들 사이에서 크게 유행했던 기도문이라 모르는 사람은 드물 것이다. 이 기도문이 하나님의 심금을 울리는, 어떤 **치트키**(cheat key)나 콘솔 **명령어**처럼 오용되긴 했지만, 그렇다고 해서 이 기도가 가진 중요한 의미는 퇴색되지 않는다. 하나님께선 야베스의 처지를 아시고 그를 도우신 이야기이기 때문이다. 게다가 아주 짤막하지만, 내용 면에서도 한가지 인상적인 부분이 있다.

특별히 그의 간구에 **지경**(게불)이 포함되었다. **גְּבוּל**(게불)은 영어로는 통상 border, territory, outer edge of region으로 번역한다. 이는 통치권, 영역, 권역, 영향의 한계선 등, 나의 뜻을 펼치고 또 기업을 경영할 수 있는 활동반경을 말한다.

이는 부동산 개념으로도 일부 설명이 가능하다. 왜 사람은 소유지를 가지려 하는가? 소유지를 법적인 개념으로 살피면 독자적이고 배타적인 영역을 뜻한다. 소유자는 자신의 소유지에 독점적인 권리를 행사한다. 그 소유지, 그러니까 '지경'이란 개념이 있기에, 농사도 지을 수 있고 가옥이 모여 촌락을 이루고 그것이 결국 부족, 국가 등으로 발전해 나갈 수 있었다. 그도 그럴 것이 내가 배타적으로 그 토지를 활용할 수 있다는 확신이 없고서야 오랜 시간과 노동을 투자해야 하는 농사를 지을 순 없었다.

부동산으로서의 지경은 오늘날 '돈'으로 거래가 되지만, 과거엔 다양한 방식으로 배분되었고 또 확보하였다. 남은 땅은 넓은데, 사람이 부족한 경우, 통상 소유권을 취득하기 위해선 **노동**이 필요했다. 이는 성경의 가장 앞선 기록을 담고 있는 책에서도 찾을 수 있다. 창세기의 주된 무대가 되는 가나안 땅 사람 대부분은 목축업을 했다. 목축에는 물이 아주 중요하기에 우선하여 확보해야 할 자원이었다. 하지만 우물을 파고 확보하는 것은 여간 많은 노동력이 소요되는 게 아녔다. 우물을 파게 되면 그 우물은 통상 그것을 판 사람에게 귀속되었으며, 때론 판 사람의 이름을 그 우물에 붙이기도 했다. 우물의 소유권이 그것을 판 사람에게 주어졌기 때문에, 힘든 노동과, '과연 물이 나오긴 할까?' 싶은 불확실한 상황에서도 우물을 파는 일을 기꺼이 감당하는 사람도 있었다.

노동이 소유지를 확보하는 방편이 된 것의 가까운 예는 미국의 개척 시대다. 그 시절 아메리카대륙은 개발할 영토는 광활한데 상대적으로 그것을 이

행할 사람의 숫자는 적었다. 그래서 당시 미국 정부는 노동과 재원을 투입해 개척한 땅을 개척자에게 주었다. 특별히 국가가 전략적으로 개척해야 할 곳이 있으면, 보상으로 넓은 땅을 약속하며 이민자들을 적극적으로 받았다. 이는 미국인들이 자랑스러워하는 개척정신의 근간이 되었다. 앞서 2장에서 가치는 노동과 자연이 결합해서 창출된다고 나눈 바 있다. 그것의 가장 강렬한 예가 바로 이 개척정신이라 할 수 있다. 단순히 국책사업으로 개발을 진행했다면, 어지간한 정부 규모가 아니고선 불가능했을 것이다. 하지만 정부가 개척을 담당하는 것이 아니라, 민간 개척자들에게 일부 역할을 위탁함으로써 실현되었다.

나열해 놓으니 아주 흥미로운 현상이 발견된다. 분명 지경은 나의 사업을 펼치고 또 뜻을 이룰 영역권이다. 하지만 그 영역권을 이루기 위해서 온갖 노동을 아끼지 않는다. 이렇게 보니 우리는 일을 하기 위한 지경을 확보하기 위해서 일을 하는 것만 같다.

그렇다면 야베스의 기도는 과연 어떤 의미가 있는가? 우린 지경을 부동산의 측면에서 살폈다. 그렇기에 지경을 소유지와 사실상 동의어로 이해했다. 하지만 실상 지경은 물리적인 땅 그 자체보다, 자기 뜻을 펼 수 있는 영역권이란 것에 방점을 찍을 수 있다. 다만 역사적으로 그 영역권은 대개 토지의 소유로 나타났다는 것도 엄연한 사실이다. 즉, 야베스가 하나님께 구한 것은 그저 '노동'이나 '돈'을 지급하지 않은 채, 땅의 소유권을 달란 기도가 아니다. 그는 하나님께 자기 뜻을 펼칠 '지경'을 달라고 구했다. 이를 통해서 야베스의 처지를 유추할 수 있다. 그는 극심한 어려움과 환란 속에서도 어떤 사명과 꿈을 품고 있었다. 하지만 그것을 이룰 공간이나 영향력, 재원 등이 턱없이 부족했다. 그렇기에 구할 수 있는, 하고많은 것 중에서 **지경**을 구한 것이다.

이제 세월은 흘렀고, 지금은 그저 토지나 자연에 대한 직접적인 노동이 없이도 지경을 확보할 수 있는 세상이 되었다. 통상 오늘날 그 '지경'이란 것을 '돈'을 지불함으로 취득한다. 그렇다면 야베스의 기도가 오늘날 우리에게 주는 교훈의 진정한 의미는 '하나님이 꼼짝 못 하시는 기도문이나 명령어를 찾아서 하나님을 자판기 취급하기'가 아니라, 우리가 어떤 목적과 뜻, 그리고 필요를 가지고 각자에게 필요한 '지경'을 구하면 하나님이 기꺼이 응답하신다는 것이다. 그리고 야베스의 시대에는 그 '지경'이 토지의 소유권과 밀접한 관계가 있었다면, 지금은 우리가 구하는 '지경'이 돈과 밀접한 관계가 있다.

돈의 한계

저희에게 이르시되 삼가 모든 탐심을 물리치라 사람의 생명이 그 소유의 넉넉한데 있지 아니하니라 하시고 또 비유로 저희에게 일러 가라사대 한 부자가 그 밭에 소출이 풍성하매 심중에 생각하여 가로되 내가 곡식 쌓아 둘 곳이 없으니 어찌할꼬 하고 또 가로되 내가 이렇게 하리라 내 곳간을 헐고 더 크게 짓고 내 모든 곡식과 물건을 거기 쌓아 두리라 또 내가 내 영혼에게 이르되 영혼아 여러 해 쓸 물건을 많이 쌓아 두었으니 평안히 쉬고 먹고 마시고 즐거워하자 하리라 하되 하나님은 이르시되 어리석은 자여 오늘 밤에 네 영혼을 도로 찾으리니 그러면 네 예비한 것이 뉘 것

이 되겠느냐 하셨으니 자기를 위하여 재물을 쌓아 두고 하나님께 대하여

부요치 못한 자가 이와 같으니라(눅 12:15-21)

돈의 효익을 진정으로 효익 되게 하는 것은, 돈의 한계를 자각하고, 그 이상의 기대를 하거나 과도한 의미를 부여하지 않음에 있다. 돈 자체를 우상화하면 필연적으로 돈을 활용하지 않고 쌓아 둔다. 그렇다면 교환가치만을 가진 돈의 특성상, 우린 아무런 효익도 누리지 못한다. 다행히도 예수께선 공생애 시절에 이러한 점을 알기 쉽도록 잘 풀어 비유로 설명해 주셨다. 이는 앞서 5장에서 다뤘던 기회비용과도 관련이 있으며, 또 6장에서 다뤘던 미래를 알 수 없는 우리의 한계이기도 하다.

돈은 참으로 다재다능하지만 어디까지나 **도구**이다. 따라서 그 효용은 결국 그 돈을 쥐고 사용하는 사람의 역량, 그 **한계**를 넘어서지 못한다. 때론 우린 많은 돈으로 우리의 열등감이나 부족한 면을 충족시킬 수 있으리라 생각한다. 돈만 있으면 내가 좀 더 나은 사람으로 타인에게 여겨질 기대를 한다. 하지만 그것을 통해서 남을 속일 순 있어도, 나 자신을 속이진 못한다. 그리고 하나님은 더더욱 속일 수 없다. 그 어떤 화려한 옷과 가면으로 치장한다고 하여도, 나의 내면 속 **나**는 겉치장이 불가능하다.

누가복음 12:21의 말씀은 단순히 돈을 하나님께 헌물로써 바치란 교훈만 주지 않는다. 이는 실상 돈을 소유하는 것과 축적한 돈을 누리는 것은 전혀 별개의 사안이라는 점을 밝히 알려준다. 흔히 "건강을 잃으면 아무 소용 없다"라는 말을 한다. 이는 건강을 소유한 평소에 건강 관리를 잘해야 한다는 교훈

이다. 현재의 건강한 몸 상태만 믿고 쾌락주의에 빠져 "노세 노세 젊어서 노세 늙어서는 못 노나니"라는 노래대로 흥청망청 살다가 행여 병이라도 얻으면, 아무리 쌓아 둔 재물이 많아도, 냉장고에 산해진미가 가득해도, 그것을 온전히 누리지 못한다. 현재 내 창고에 쌓여 있는 소유물(단기 이익)과 그 축적한 재화를 누리는 것이 그런 관계이다. 눈앞에 보이는 단기 이익을 포기하고 장기 이익을 추구하는 '투자'와 '관리'를 해야, 그 재물을 누릴 수 있게 된다.

이를 위해서는 돈의 한계를 인지해야 한다. 돈은 어떤 소재로서 나를 거들 수 있다. 예를 들면 이렇다. 내게 어떤 뜻이 있고 열심히 있어서 평소에 꿈꾸던 사업체를 얻었다 하자. 밑천은 그 사업체를 이룰 '지경'을 확보하는 것에 도움이 된다. 가령 좋은 자리에 장사할 수 있는 권리를 취득하고, 또 걸맞은 인테리어를 형성하고, 업무를 원활하게 진행하게 도울 건실한 사람들을 직원으로 뽑을 수 있게 돕는다. 하지만 어디까지나 그것을 성취하려는 뜻과 '열심'이 나에게 있으니, 돈이 보조를 해주는 것이지, 돈만 가졌다 해서 내 꿈을 대신 이뤄줄 순 없다. 그렇게 내가 돈을 필요로 하듯, 돈도 내가 있어야 한다.

해당 예화에서 부자에게 필요한 것은 더 큰 곡간이나 더 많은 소유가 아녔다. 그는 예화가 시작하는 시점에서 이미 '부자'로 시작한다. 결과적으론 그에게 필요한 것은 삶이었다. 생명이었고 영혼이었다. 하지만 도중에 그는 무엇이 필요한지 알지 못했다.

이는 단순히 그 부자만의 미련이 아니다. 예수께선 그 부자를 비웃으라는 취지에서 우리에게 그런 예화를 말씀하지 않으셨다. 성경을 대하는 우리는 관객이 아니다. 우리는 늘 주님의 말씀을 나를 향한 것으로 믿고 받아, 영육간에 새로워짐을 경험해야 한다. 예수께선 우리에게도 그런 모습이 있음을, 그런 가치판단의 오류를 저지르며 또 무엇이 필요한지 알지 못하는 존재임을 말씀하신 것이다.

약간 결이 다른 얘기일 테지만, 언제든 예수님의 가장 핵심적인 처방전은 다름이 아니라 우리 각자에게 성령님이 내주하고 계신다는 것을 인지하라는 것이다. 그렇기에 성경은 말한다.

이와 같이 성령도 우리 연약함을 도우시나니 우리가 마땅히 빌 바를 알지 못하나 오직 성령이 말할 수 없는 탄식으로 우리를 위하여 친히 간구하시느니라(롬 8:26)

그 내주하시는 성령님이 돈의 한계를 깨닫게 하시고, 또한 우리의 연약함을 도우신다.

여하튼 돈은 우리가 당면한 많은 문제를 해결해 준다. 거의 슈퍼맨이다. 많은 가정에서 생기는 문제와 대부분 삶에서 생기는 문제는 돈으로 해결할 수 있다. 그렇기에 돈은 거의 만능으로 여겨진다. 하지만 돈이 그런 역할을 감당하려면 우리의 의지와 우리의 역량이 필요하다. 돈만 쌓아 둔다고 그 즉시 문제가 해소되지 않는다. 따라서 우리는 돈이 필요한 것뿐만 아니라 돈이 왜 필요한가, 어떻게 사용해야 하는 가를 고심해야 한다. 돈의 한계를 이해하지 않고 그저 쌓아만 두면, 결국 우리의 수명도 휘발하고 첫째 죽음을 덧없이 맞이

하게 될 것이다.

우린 무슨 뜻을 이루러 이 땅에 왔는가? 우리는 무슨 사명을 가졌는가? 오늘도 핸드폰 은행 애플리케이션 잔액란에 숫자로 표기된 무형의 돈이, 또 윤전기에서 뽑혀서 나와 다양한 국가적 상징과 위인의 모습을 덧입은 돈이 우리에게 묻는다

"당신은 오늘 우리를 어떻게 사용할 건가요?"

돈이 진짜 주는 것

재물은 많은 친구를 더하게 하나 가난한즉 친구가 끊어지느니라(잠 19:4)

돈은 그 자체로도 어떤 뒷배가 된다. 든든함을 안긴다. 통장에 많은 돈이 안전하게 있으면, 그 자체로도 당장 다가올 다소간의 재정적 문제는 넉넉히 넘길 수 있다고 생각한다. 그리고 실제로도 그렇다. 돈의 영향력이 상당한 현대 사회에서 대다수의 고민은 돈만 있어도 해결이 되는 문제임엔 틀림이 없다. 어떤 연구에선 미국의 이혼하는 커플의 절대 다수는 돈 문제로 이혼을 결정한다고 밝혀졌다. 빈곤(poverty)이 한 개인과 그 주변인들을 파괴하는 일은, 이젠 너무나 익숙해 말할 것도 없다. 돈만 있었어도 피할 수 있는 어려움이, 내가 돈이 부족하단 이유로 불합리하게 찾아올 때 느끼는 박탈감과 무력감은 이루 말할 수 없다. 성경은 이 점을 부정하지 않는다. 하나님은 우리를 돈의 양으로 판단하지 않으셔도, 어쨌든 이 사회와 세상은 그것으로 우리의

삶이나 가치를 재단하곤 한다.

> 부자의 재물은 그의 견고한 성이라 그가 높은 성벽 같이 여기느니라(잠
> 18:11)
> 부자의 재물은 그의 견고한 성이요 가난한 자의 궁핍은 그의 패망이니라
> (잠 10:15)
> 잔치는 희락을 위하여 베푸는 것이요 포도주는 생명을 기쁘게 하는 것이
> 나 돈은 범사에 응용되느니라(전 10:19)

성경이 긍정하듯, 돈은 사용한 자를 지키는 역할도 한다. 간단한 예로 부동산 거래 시 계약금이 있다. 계약금은 통상 계약과 실질적인 지급의 시차로 인해서 발생하는 것으로, 대체로 거래당사자를 보호하는 취지가 있다. 만약 구매자가 변심으로 마음을 바꿔버리면 그를 믿고 기다리던 판매자의 일정이 심각하게 꼬이게 된다. 반대의 경우도 마찬가지이다.

구매자가 여타 사정으로 일방적으로 계약을 포기하려 한다면, 계약금을 판매자에게 주고 해지할 수 있다. 판매자가 반대로 계약을 포기한다면 배액 상환을 하는데, 이는 받은 계약금의 두 배를 돌려준다. 다시 말해, 받은 계약금과 함께 계약 파기에 따른 취소 금에 따른 액수를 돌려주는 것이다. 이를 우리 법에선 계약금이 취소 금의 성격을 갖는다고 이야기한다.

만약 그렇다면 0원 계약금으로 계약한 경우는 어떨까? 언뜻 생각하기에 0원이기에 상호 간에 자유롭게 취소할 수 있을 것이란 생각이 든다. 하지만 실제론 그렇지 않다. 오히려 0원일 때 취소할 수 있는 명시적 법 조항이 없기에,

상호 간의 동의가 없다면 그 계약을 일방적으로 취소할 수 없게 된다. 이를 취소하기 위해선, 거래당사자의 합의가 필요하다.

이것은, 0원이 가장 비싼 경우이다. 0원이 비싸단 말은, 그 가격을 말하는 것이 아니다. 가격을 지급하지 않아서 감당해야 할 대가가, 그 지급할 값보다 더욱 비싸서 결국 손해가 막심해진다는 말이다. 앞서 다룬 기회비용으로도 설명이 된다. 이런 예는 1장에서 다룬, 막벨라 굴 매매를 했던 아브라함의 사례도 마찬가지다. 아브라함이 낸 돈은, 아주 오랜 세월 아브라함과 그의 자손들을 지키는 보호막이 되어줬다. 하지만 돈의 보호에도 한계는 있다.

재물은 진노하시는 날에 무익하나 의리는 죽음을 면케 하느니라(잠 11:4)

이 구절은 단순히 재물은 아무 가치가 없으니, 의리를 찾으라는 말로 해석하기는 어렵다. 왜냐하면 잠언의 다른 구절과 통일성을 이루는 해석이 아니기 때문이다. 게다가 예수께서 불의한 재물로 친구를 사귈 기회를 사라고 말씀하신 것과, 우리가 매일 소비 활동으로 친구를 사귈 기회를 얻는 것을 충분히 고려하여 해석해야 하는 구절이다. 따라서 이 구절은 가치 교환에 관한 이야기다. 재물이 없다면 의리를 어떻게 형성할까. 하지만 재물만 쌓아둔다면 진노하시는 날이라고 칭한 어려운 날에 파멸을 면치 못할 것이다. 겨울은 여름에만 대비할 수 있듯, 평온할 때, 내게 여력이 있을 때, 재물을 흩어 나누면서 많은 친구를 사귀고 지경을 확장해 나가야 한다는 교훈이 된다.

네가 다니엘보다 지혜로와서 은밀한 것을 깨닫지 못할 것이 없다 하고
네 지혜와 총명으로 재물을 얻었으며 금, 은을 곳간에 저축하였으며 네

큰 지혜와 장사함으로 재물을 더하고 그 재물로 인하여 네 마음이 교만
하였도다(겔 28:3~5)

하지만 이 책에서 누누이 나눴듯, 돈은 그 자체론 아무런 효과를 가지지 못
한다. 결국 어떻게 사용하고 대하느냐에 따라서 그 효용이 천차만별이 된다.
성경엔 또 특별히, 돈을 제대로 다루지 못해서 오히려 안전을 빼앗긴 사례도
기록한다. 에스겔서엔 재물에 대한 흥미로운 이야기가 담겨있다.

두로 왕은 많은 재물을 가졌다. 하지만 애석하게도 그 물질은 그의 마음에
틈을 만들어 냈다. 그의 교만은 그의 방심이 되었을 뿐만 아니라, 열국의 강포
한 자들로 대표되는, 이웃 국가들의 침공으로 이어졌다(7절). 그가 다니엘보
다 지혜로 와서 모든 것을 안다고 자긍하는 것은 분명 자만이지만, 단순한 허
세는 아녔다. 그의 지혜로 금, 은으로 대표되는 많은 재물을 저축하고 또 장사
하고 무역함으로 더욱 불려 나가는 것엔 부족함이 없었기 때문이다. 하지만
많은 돈이 모인 곳엔 또 악이 도사린다. 두로왕이 맹목적으로 쌓아두고 의지
한 재물이 도리어 주변 민족들이 침공할 이유가 된다. 지금으로 치면 강도와
도둑들에게 현금을 아주 많이 보관한 집이란 소문이 돈 것이다. 결국 교만과
결합한 돈은, 그에게 파국을 맞게 한다(6~19절).

이처럼 돈은 거의 만능으로 보이지만, 한계도 명확하다. 결국 돈을 거의 만
능으로 만드는 것도, 또 그 한계를 만천하에 공개하여 파국의 씨앗이 되게 하
는 것도, 돈을 쥔 **우리**다. 효익이란 측면에서 돈을 살피더라도 무거워지는 것
은 돈의 존재감이 아닌, 우리의 책임감이다.

부자라도 하나님의 나라에 들어가기 어렵다

예수께서 둘러보시고 제자들에게 이르시되 재물이 있는 자는 하나님의 나라에 들어가기가 심히 어렵도다 하시니 제자들이 그 말씀에 놀라는지라 예수께서 다시 대답하여 가라사대 얘들아 하나님의 나라에 들어가기가 어떻게 어려운지 약대가 바늘귀로 나가는 것이 부자가 하나님의 나라에 들어가는 것보다 쉬우니라 하신대 제자들이 심히 놀라 서로 말하되 그런즉 누가 구원을 얻을 수 있는가 하니 예수께서 저희를 보시며 가라사대 사람으로는 할 수 없으되 하나님으로는 그렇지 아니하니 하나님으로서는 다 하실 수 있느니라(막 10:23-27)

이는 때론 부자**만** 천국에 들어가는 게 어렵단 구절로 오해받는다. 때론 더 나아가 가난한 사람이 구원받기 더 쉽다는 의미로 곡해되기도 한다. 하지만 제자들의 반응을 고려하면 전혀 다른 내용이다(26절).

아굴이 집필한 잠언에서 부로 인한 걱정은 교만으로, 가난으로 인한 걱정은 죄로 상정해 놓았다(잠 30:9). 즉 성경의 입장은 부함을 특별히 불리한 위치에 두거나 가난을 유리한 입장에 두지 않고 저마다의 처지마다 조심해야 할 요소가 있음을 담담히 밝힐 뿐이다.

특별히 시대가 부패하고 혼란스럽던 예수님의 공생애 당시 이스라엘은, 당시 부유한 자들은 시간과 여유 그리고 안전을 확보함에 있어서 단언 유리했으며, 각종 종교 서비스나 삶을 영위하는 과정에서 모든 수혜를 독점하다시피 했다.

　이런 사회 분위기는 부자들이 헌금함에 부를 과시하며 경쟁하듯 헌금을 넣는 장면에도 드러난다. 예수께서 제자들도 그런 사회 분위기를 경계해 주시기 위해서 아주 적은 돈인 두 렙돈 넣은 과부가 진정으로 가장 많이 드렸다며 가르쳐 주셨다(막 12:41-44).

　당시 사회 취약계층은 빈곤을 못 이기고 범죄에 빠지거나 구걸하거나 몸을 팔거나 유력자의 정부(情婦)가 되는 처지에 내몰리기도 했다. 이들은 당시 종교 지도자들이 **비대화**시키고 **고급화**해 버린 율법을 도저히 다 지킬 수도 없었다. 그렇기에 그들에겐 늘 죄인이란 꼬리표가 붙어 다녔고, 그런 이들과 소통하시고 시간을 함께 보내주신다는 것만으로도 예수님을 공격하는 연유가 되었다(마 9:11; 11:19). 그렇게 예수님 외엔 그 누구도 그들에게 회개할 기회를 주려 하지 않았으며, 그들을 죄인 취급하기 바빴다. 장애라도 있다손 치면 그저 저주받은 **죄 덩어리**로 치부한다(마 9:5, 요 9:34). 그렇기에 그들에겐 천국은 그저 멀리 있는 것이었고, 도무지 꿈꾸거나 바랄 수 없는 일이다. 입에라도 올렸다 치면 힐난과 비난 그리고 비웃음만 쏟아졌을 터다.

　결국 당시 사회의 일반적 통념은, 부자가 율법의 완성이나 천국에 더 가까웠다. 부자들이야, 매년 규례대로 제물을 드리는 것은 손쉬웠다. 혹 율법을 지키는 방법이 어렵다면, 율법 선생이라도 고용하여 조언도 받을 수 있었을 터이다. 반면 가난은 곧 저주로 여겼다. 종교 지도자들이 비대하게 조장한 율법의 촘촘하고 까탈스러운 요구를 전부 이행할 여력이나 가능성이 전혀 없는 자들이니까 말이다. 그들은 규례에 따라서 제대로 된 번제물을 바칠 기회도 박탈당했다. 예수께서 십자가를 지심으로 완벽하게 충족시키신 때마다 드려야 했던 **희생제물**의 율법적 의무는 당시 가난한 이들에겐 말 그대로 천국에 들어가기 위한 유일한 희망이었으나 그림의 떡이었다.

그런 상황과 맥락에서 예수께서 제자들에게 "약대가 바늘귀로 나가는 것이 부자가 하나님의 나라에 들어가는 것보다 쉬우니라"라고 하시자, 제자들이 심히 놀라 서로 말하길 "부자도 하나님의 나라에 들어가기가 어렵다면, 세상천지 누가 구원을 얻을 수 있는가?"라고 의아하게 여겼다.

실로 애석하게도 오늘날도 상황이 비슷하다. 누군가에겐 주일에 예배당에 출석하는 것이 여가와 신앙 중에 고르는 **선택**이라면, 다른 누군가에겐 생업과 신앙 간에 골라야 하는 **피눈물**이다.

그래서 우린 돈이 진짜 주는 효익을 남김없이 살펴야 한다. 현대 사회에서 돈이란 것이 얼마나 좋은지, 얼마나 대단한지, 얼마나 위대한지, 또 얼마나 만능에 가까워 사람들이 전능하다 착각까지 하는지, 우리도 알아야 한다. 필요하다면 바닥도 뒹굴고 책에 얼굴을 파묻고 눈물로 적셔도 보아야 한다. 돈 냄새를 맡아야, 혹 내가 돈을 쌓아 올려야 느낄 수 있다면 그도 기꺼이 해야 한다. 하지만 어느 상황에서도 결코 이 효익을 다 누리기 위해서 부자가 되자는 결론이 될 수 없다. 하나님 일을 할 테니 돈을 내어달라 협상할 수도 없다.

내 인생에 당연하다고 생각하는 것의 얼마나 많은 요소가 하나님이 내게 허락하신 '부'로 형성되었는지 필사적으로 더듬어 남김없이 살펴야 한다.

그래야 비로소 하나님이 내게 부요함을 주셔서, 품으라, 도우라, 나누라, 맡기신 나의 사역 대상자들, 내가 나눠야 할 이웃에게 모자란 것이 보이기 시작한다. 그들의 굶주림과 피어린 절규가 와닿는다. 돈을 모르면, 돈을 알지 못하면, 그것들은 그저 내게 당연히 주어진 일상으로 보이니까.

내겐 단순히 선택인 새벽기도가 누군가에겐 자녀에게 사줘야 할 공책 한 권을 포기해야 갈 수 있음을 절감하게 된다. 내겐 단순히 기쁨인 요소가, 내겐 단순히 신앙적 열정만으로 내어드릴 수 있는 시간이, 그들에겐 아예 존재하지도 않았단 것을 비로소 이해할 수 있다. 우리의 출발점은 각자 다르다.

때론 내 모든 일상이 누군가에겐 결코 닿을 수 없는 절규다.

그리고 그들이, 아니 우리가 오늘도 하나님께 외친다.

"주여 우릴 돌아보는 이 없나이다…. 주만은 나를 불쌍히 여겨주소서"

다행히도 우리 주님께선 과부가 넣은 두 렙돈을 그 누구보다 많다고 하신다. 우리도 돈 뒤에 있는 사람을 보아야 한다. 돈은 우릴 울리지 못한다. 돈을 소재삼아 타인을 울리는 사람이 있을 뿐이다. 이는 나조차도 마찬가지다.

그리고 부디, 준비된 자들에게 풍성한 재원을 허락하시어, 이 삶에서 영향력을 끼치게 해주시길.

그리고 이웃의 시작점을 무시하고, 그저 사람이 하나님을 위한다며 만든 규례와 절기를 흉기처럼 내밀지 않길…

오병이어의 즐거움

본격적으로 오병이어의 즐거움을 나누기 위해서 아주 흔한 질문을 하나 해보겠다.

"돈으로 행복을 살 수 있는가?"

놀랍게도 최근 연구에 따르면 답은 "그렇다"가 된다. 정확히는, 돈을 대하는 태도와 사용하는 방식에 따라서 행복을 증진할 수 있다는 사실을 발견했다. 물론 좀 더 고전적인 연구 결과와도 같이, 빈곤의 수준을 벗어나서, 일용할 수준의 수입을 확보한 이후엔, 단순히 쌓아둔 돈이나 물질적인 상품을 사들이는 것의 기쁨은 행복도와 직접적인 연관이 없거나 꽤 한시적이었다.

특히 '돈벼락'과 '인생 역전'의 대명사라 할 수 있는 **로또** 당첨자들을 대상으로 한 추적조사에선, 더러는 행복도와 관련이 있었으나, 대다수 연구에선 행복도와는 명확한 상관관계를 발견하지 못했다. 일반적으로 재정적 여유를 허락하고 삶에 대한 평가 지수가 높아지지만, 행복과 밀접한 관계가 있는 것으로 알려진, 정신 건강과는 관련이 없는 경우가 많았다. 긍정적인 영향과 부정적인 영향으로 나눠 조사한 경우엔, 그 둘이 양립했다.

전반적으로 실질적인 행복도는 일정량의 자산이 형성된 이후에, 돈의 양보다는, 다양한 변수들에 의하여 결정되는 경향이 있었다. 사회적 관계, 가족 현황, 개인의 성향, 돈을 사용하는 방식, 그리고 사회의 공정도와 관련이 있었다. 공정이 무너진 정도가 심할수록, 행복도와 '연봉 수준'이 정비례했다.

하지만 돈으로 행복을 살 수 있다는 귀결을 짓게 만든 발견도 있었다. 일관적으로 **돈**과 **행복도**가 연결되는 부분이 있었다. 바로 새로운 경험을 할 기회를 **구입**하고, **타인을 위해서 돈을 사용하는 것**이었다. 그리고 이는 성경이 말하는 바와도 일치하는 점이 뜻깊다.

> 범사에 너희에게 모본을 보였노니 곧 이같이 수고하여 약한 사람들을 돕고 또 주 예수의 친히 말씀하신바 주는 것이 받는 것보다 복이 있다 하심을 기억하여야 할찌니라(행 20:35)

하나님은 우리를 지으신 분이다. 말하자면 그분은 우리의 **설계도**(blueprint)를 가지고 계신다. 예수님의 "주는 것이 받는 것보다 복이 있다"라는 말씀 또한 우리의 삶을 복되게 하는 가장 효과적이고 효율적인 방편이기에 말씀하신 것이다. 하지만 오랜 기간 우리는 이 구절을 단순한 종교적이고 도덕적인 개념으로 만들었다. 예수께서 마치 사람의 마음은 다 모르시고 그저 높은 수준의 옳은 말만 하신 거라 치부하곤 했다. 저 말씀을 실천해야 한다는 것은 동의하면서, 때론 삶에서 실천해 나가면서, 저것을 단지 우리가 지어야 할 십자가 정도로 여기곤 했다. 하지만 돈과 삶의 삶 등을 연구하는 행동경제학자들의 노고 덕분에 이는 현실과도 맞닿아 있단 사실이 밝혀졌다.

한 회사에서 출근 시간에 직원들에게 상품권을 나눠준다고 생각해 보자. 그 상품권의 유효기간이 오늘까지로, 그들에게 회사 건물 1층에 있는 커피전문점에서 음료나 샌드위치 등을 사서 먹으라 했다. 공짜 음료와 먹거리! 그것도 전문점에서 바로 내린 향긋한 커피라니! 모두가 좋아했다. 하지만 그들의 하루가 지났다. 각자가 업무에 지쳐서 휴식이 간절하다 느낄 퇴근 시간, 그들의 만족도, 그들이 하루에 느낀 행복도를 조사했다. 과연 그들이 출근 시간에 받은 공짜 상품권이. 그들의 퇴근 시간인 오후 6시에도 유효한 기쁨으로 남아있을까?

애석하게도 커피 그 자체가 그들의 하루의 기분을 더 나아지게 못 했다. 이는 당연하다. 아침에 커피를 마셨다고 한들, 정오에 점심을 먹고 난 후에 입가심을 위한 향긋한 차나 커피 생각이 안 날 리 만무하다. 그리고 그런 일이 있다고 해도, 하루 간 고단한 노동을 전부 잊게 할 순 없었다. 따라서 그들의 기쁨을 그저 일시적이었다.

이렇게만 보면 우리는 하나의 결론을 내릴 수 있다. 음료 한잔만으론, 하나의 간식을 살 값만으론, 그 정도 **돈**으로는 행복을 살 수 없다고. 하지만 정말 그럴까? 모든 조건을 동일하게 유지한 채, 단 하나의 조건만을 바꿔보자.

바로 상품권을 나눠주며, 타인에게 음료나 간식을 사주라는 조건을 달았다. 몇몇은 평소에 고마웠던 사람에게 향긋한 커피를 건넸다. 몇몇은 공부에 지친 얼굴로 해당 매점을 찾은 학생이나 취준생에게 무료 먹거리를 주었다. 더러는 따스한 음료를 사서 길거리를 배회하던 노숙자에게 손을 녹이라며 건넸다.

그리고 그들의 퇴근 시간인 오후 6시간에 그들의 만족도, 그들이 하루에 느낀 행복도를 조사했다. 그리고 통계적으로 유의미하게 그들의 기분이, 생각이 개선됨을 발견했다.

"돈으로 행복을 살 수 있는가?"라는 질문에, 우리는 "어쩌면, 사용하는 방법에 따라."라고 대답할 근거를 이미 가지고 있다.

성경에도 재화로, 자신이 가진 것으로 많은 이들을 행복하게 하고 또 본인도 행복해진 사례가 존재한다. 이를 우린 오병이어의 기적이라 기억한다.

여기 한 아이가 있어 보리떡 다섯 개와 물고기 두 마리를 가졌나이다 그러나 그것이 이 많은 사람에게 얼마나 되겠삽나이까 예수께서 가라사대이 사람들로 앉게 하라 하신대 그곳에 잔디가 많은지라 사람들이 앉으니수효가 오천쯤 되더라 예수께서 떡을 가져 축사하신 후에 앉은 자들에게 나눠 주시고 고기도 그렇게 저희의 원대로 주시다 저희가 배부른 후에 예수께서 제자들에게 이르시되 남은 조각을 거두고 버리는 것이 없게 하라 하시므로 이에 거두니 보리떡 다섯 개로 먹고 남은 조각이 열두 바구니에 찼더라(요 6:9~13)

당시 많은 사람은 하루 벌어서 하루 먹고 살았다. 예수님의 가르침을 듣기 위해서 모인 사람들은 그들의 생업을 내려놓고 굶어가면서도 찾아왔다. 그만큼 그들의 심령은 가난하고 갈급했다. 그야말로 의에 주린 자들이었다. 예수께선 그들을 가엾게 여기셨다. 그들을 위해서 먹을 것을 마련해 주고자 하셨다.

그 결과 보리떡 다섯 개와 물고기 두 마리를 한 아이가 내어드렸다. 턱없이 부족했다. 아마도 아이는 사람들은 굶어도 예수님만은 시장하시면 안 된다고 생각했던 모양이다. 거기 모인 사람들도 말씀에 충만하여 같은 생각이었을 터다. 어차피 굶는 건 각오하고 모였으니깐. 하지만 예수께서 이루실 일은 전혀 뜻밖의 일이었다. 불가능해 보이는 일을 이루셨다. 이는 마치 광야에서 제공하신 만나와 메추라기 같았다. 광야에서 그들의 선조들이 떠돌다 경험한, 모세를 통해서 하나님이 내려주셨다는 그 기적 말이다.

예수께서 그 무리를 불쌍히 여기시자, 먹을 것이 생겼다. 그것을 받아서 든 자들은 그 떡의 맛에, 그 물고기의 맛에 기뻤다. 시장이 반찬이란 말도 있지 않던가? 배가 고프니 더욱 맛있었다. 게다가 만나의 기적을 체험했다니, 하나님이 함께하심이 느껴져서 너무나 행복했을 것이다. 하지만 그것을 받아서 든 사람들의 행복은, 오병이어를 내어드린 아이가 느낄 기쁨과는 비할 수 없다.

그 아이는 엄청난 감동에 휩싸였을 것이 분명하다. 그가 드린 볼품 없는, 아주 적은 것으로 예수께서 큰일을 이루시다. 내가 드린 것으로 이렇게 많은 사람을 먹이다니, 아마 그 아이는 평생, 이 사건을 잊을 수 없었을 터다. 그의 삶의 굴곡에서 늘 꺼내서 삶의 희망을 느끼게 하는 소중한 추억이었을 터다.

더 놀라운 일은 바로 열두 바구니가 남은 것이다. 이를 일당을 포기하고, 또 하루의 양식을 포기하고 모인 사람들에게 나눠주셨다. 멀리서 온 자들은 가는 도중의 식량이었을 터이고, 가까이 사는 사람들에게도 요긴했다. 왜냐하면 그들에게도 가족과 이웃이 있었을 것이다. 더러는 가족이 굶는 것도 감수하며 하나님의 말씀을 듣고자 찾아왔다. 그러므로 그들은 예수께서 주신 그 만나와 메추라기와 같은, 보리떡과 물고기를 싸서 들고 서둘러 집으로 향했다. 집으로 되돌아오니 그리운 가족들이 보인다. 그들이 나눈 대화는 어렵지 않게 예상할 수 있다.

"이 떡과 이 물고기가 다 뭐예요?"

먹을 것이 없어 걱정하던 집 안에 있는 사람들이 휘둥그레진 눈으로 물었다. 그리고 이윽고 뺨에 화색이 감돌았다.

"나사렛 예수란 분이 주셨어, 사람들이 훌륭한 랍비라고 하는 분이야."

이제 모두 삼삼오오 식탁에 몰려왔다. 떡과 물고기를 나눠 먹으니, 얼굴에도 미소가 피어오른다.

"그분이 먹을 것을 주셨단 말이에요?"

"그럼, 동네 똑똑한 영감님은 '만나다! 만나를 주셨다!'라고 외치더라고. 왜 있잖아, 소싯적에 토라도 읽어보고 했다는 영감님. 그래서 말이야, 나도 생각이 달라지더라고. 어느 랍비나 율법 학자들이 이런 걸 주겠어. 사람들이 랍비라는데 나는 아닌 거 같아. 우리 조상들에게 말씀을 전하던 선지자라고 생각해"

어느 정도 배가 차자 이야기꽃이 핀다. 주제는 단언 예수님이 가르치신 말씀들이다. 하지만 가족들만 듣기엔 아깝다는 듯 말한다.

"당신 잠시만요. 우리 아직 떡과 물고기가 남았어요. 이러지 말고 옆집도 불러요. 우리 딸 시집갈 때 옆집 아주머니가 얼마나 잘해줬어요?"

다들 동의한다. 반가운 이웃들이 찾아온다. 그들에게도 음식을 권한다. 그리고 그 사내는 말을 이어 나간다.

"사람들이 병자를 데리고 왔는데 말이지, 그 병자 중엔 앞을 보지 못하는 여자아이가 있었어."

흥미로운 이야기에 이웃도 가족도 그들의 눈이 반짝인다.

"…그리고 예수님이 하나님의 왕국은 글쎄 밭에 감춘 보화와 같다는군"

"아저씨, 보화란 게 뭐예요?"

"보화란 말이지…."

이런저런 이야기를 나눈다. 모두가 웃고 울고 또 즐거워하며 듣는다. 그러다 자기 삶의 이야기를 한다. 어째서인지 보리떡과 물고기가 풍성히 남아있다. 모두의 얼굴에서 미소가 지어졌다. 떡 다섯 개와 물고기 두 마리를 예수님에게 내어드린 아이가 누렸던 주는 이의 기쁨이. 열두 광주리 남도록 주신 예수님 덕분에, 받은 기쁨만 알던 이 남자의 마음에도 가득했다. 어느덧 말이다.

네가 이 세대에 부한 자들을 명하여 마음을 높이지 말고 정함이 없는 재물에 소망을 두지 말고 오직 우리에게 모든 것을 후히 주사 누리게 하시는 하나님께 두며 선한 일을 행하고 선한 사업에 부하고 나눠주기를 좋아하며 동정하는 자가 되게 하라 이것이 장래에 자기를 위하여 좋은 터를 쌓아 참된 생명을 취하는 것이니라(딤전 6:17~19)

나오는 글 : 하나님, 풍요를 약속하시다

신앙의 관점으로 보면, 우리가 돈이 얼마나 필요한지, 우리가 돈을 얼마나 간절히 원하는지는 사실 부차적인 일이다. 어쩌면 아무런 의미도 없을지 모른다. 결국 중요한 것은, 하나님에게 우리를 부요하게 하시려는 뜻이 있으시냐는 점이다.

> 하나님이 솔로몬에게 이르시되 이런 마음이 네게 있어서 부나 재물이나
> 존영이나 원수의 생명 멸하기를 구하지 아니하며 장수도 구하지 아니하
> 고 오직 내가 너로 치리하게 한 내 백성을 재판하기 위하여 지혜와 지식
> 을 구하였으니 그러므로 내가 네게 지혜와 지식을 주고 부와 재물과 존
> 영도 주리니 너의 전의 왕들이 이 같음이 없었거니와 너의 후에도 이 같
> 음이 없으리라(대하 1:11~12)

역대하에 기록한 솔로몬의 이야기를 통해서, 하나님께선 영적인 것을 구하는 자들에게 단순히 영적인 것만 주시지 않으심을 발견한다. 앞서 우리가 나눈, 한 사람의 하루 몫인 **오멜**과도 같이, 솔로몬의 경우도, 그가 구하여 받

은 지혜를 다 펼치려면 부와 재물과 존영도 필요했다. 하나님은 우리가 구하는 것만 주시는 분이 아니시다. 우리의 필요를 미리 아시고 공급해 주신다(마 6:32~33). 그렇다면, 우린 이런 결론을 내릴 수 있다.

"하나님은 우리에게 풍요를 허락하시길 원하신다."

그리고 우리는 안다. 주가 원하시면 반드시 이루어진다(마 8:2~3; 막 1:40~42). 그가 원하시면 우리에게도 **부**라는 것이 반드시 찾아온다. 하지만 우리에게 있어서 진정으로 중요한 바는, 부를 소유하는 여부가 아니다. 우리가 그것으로 무엇을 하느냐이다.

> 우리 주 예수 그리스도의 은혜를 너희가 알거니와 부요하신 자로서 너희를 위하여 가난하게 되심은 그의 가난함을 인하여 너희로 부요케 하려 하심이니라(고후 8:9)

이러한 주님의 의지, 그러니까 우리에게 부를 주시려는 의지는, 고린도후서 8:9에서도 재확인된다. 고린도후서 8장의 경우는, 어려운 성도들을 돕는 사역에 참여하길 권면하는 내용이 담겼다. 하여 9절의 경우도 오직 영적인 내용만이 아닌, 실질적으로 재물에 관한 내용이기도 하다.

바울은 만나의 기적을 언급하며, 우리가 앞서 다룬 **오멜**의 묘에 대해 말한다(15절). 바울은 "믿음과 말과 지식과 모든 간절함과 우리를 사랑하는 이 모든 일에 풍성한" 고린도교회 사람들이, 또한 그들의 성품에 걸맞은 형태로, 자발적으로, 구제하는 사역에 나서주길 바란다(7절). 그들의 물질적인 풍요함과 영적인 뛰어넘은, 그리스도께서 주신 것이기 때문이다. 그리고 그 모든 것을 주신 주님은, 고린도교회 사람들을 단연 뛰어난 교인들로 성장시키셨을 뿐만 아니라, 구제에도 앞서는 자들로 만드시기 위해서 그러한 물질적으로 풍요한 은혜를 주셨다(9절).

그것을 증명이라도 하듯, 바울이 이런 서신을 쓰기도 전, 그러니까 일 년 전에 고린도 교인들은 구제를 앞장서서 시작했다(10절). 그렇기에 바울이 그들에게 부드러운 어조로 바라는 것은, 그들이 시작한 바를 완성하는 것이다(11~15절). 또한 바울이 언급하듯, 고린도교회 사람들은 물질이 없지 않다. 오히려 풍족한 편이다. 고린도는 그리스 지방에서도 무역의 중심지로 손꼽히는 매우 부유한 도시였다.

이는 신구약 성경이 가진 물질에 대한 태도를 잘 반영한 서신이다. 하나님께선 우리에게 부를 허락하시고, 또 그 부를 활용해 행복하길 원하신다. 특별히 타인을 돕는 것을 통해서 크게 기뻐하길 바라신다(빌 4:1~5). 과거, 우리가 돈에 관한 이해가 부족하였을 땐, 이는 버거운 명령이나 의무라고만 생각했다. 나를 희생하여 타인을 돕는, 어떤 종교적인 무조건적 '내려놓음'이라 생각했다. 하지만 돈에 대해서 알수록, 이것이, 우리의 창조주께서, 우리를 지으시고 또 구성하신 하나님이, 우리에게 주신, 행복한 삶을 누리기 위한 방편임을 알게 되었다.

너는 반드시 그에게 구제할 것이요, 구제할 때에는 아끼는 마음을 품지 말 것이니라 이로 인하여 네 하나님 여호와께서 네 범사와 네 손으로 하

는 바에 네게 복을 주시리라 (신 15:10)

그런 이해를 하고 나니 신명기 말씀도 더 선명하게 와닿는다. 이는 그저 명령이 아녔다는 것을 비로소 깨닫는다. 하나님께선 우리의 행복에 관심이 많으시단 사실을 다시금 느낀다. 게다가, 내가 행복하기 위해서, 내가 참되게 **소비**하기 위해서 구제하고 남을 돕는 것뿐인데, 또 복까지 안겨주신다. 내 범사와 내 손으로 하는 것도 책임져 주신다고 약속하신다.

그 후에 나가사 레위라 하는 세리가 세관에 앉은 것을 보시고 나를 좇으라 하시니 저가 모든 것을 버리고 일어나 좇으니라(눅 5:28)

돈의 효익을 극대화하는 방편은, 그것을 **포기**함에 있다고 했다. 이 사실을 마음에 품고 성경을 살펴보니, 제자들이 모든 것을 버리고 예수님을 좇은 과정도 가깝게 느껴진다. 예수께선 모든 것을 버리고 당신을 좇은 제자들을 위로하시고, 또 치하해 주시기 위해, 감추인 천국을 발견하고, 모든 것을 다 팔아 밭을 구입한 일꾼에 우리를 빗대셨다.

어떤 사람에게든지 하나님이 재물과 부요를 주사 능히 누리게 하시며 분복을 받아 수고함으로 즐거워하게 하신 것은 하나님의 선물이라(전 5:19)

우리에게 온갖 좋은 것과, 참된 것을 맡기실 하나님께서, 또한 우리에게 재물을 허락하사, 우리의 사명과 소명을 이루는 데에 걸림돌이 없게 하시기를!

또 주변 사람들과 사랑하는 이들에게 표현할 재료가 부족하지 않게 하시기를!

우리에게 물질적 풍요를 약속하신 하나님께서 또한, 영적인 풍요도 허락하시기를….

참고서적

1장, 2장

KB경영연구소. (2020). 2020 한국 부자 보고서. https://www.kbfg.com/kbresearch/report/reportView.do?reportId=2000114

KB경영연구소. (2023). 2023 한국 부자 보고서. https://www.kbfg.com/kbresearch/report/reportView.do?reportId=2000448

Todorov, V. (2020). Competitive Industrial Performance Index 2020: Country Profiles. https://stat.unido.org/content/publications/competitive-industrial-performance-index-2020%253a-country-profiles

Ryan-Collins, J., Greenham, T., Werner, R. A., & Jackson, A. (2013). Where does money come from?: A guide to the UK monetary and banking system.

3장

Aknin, L. B., Dunn, E. W., & Norton, M. I. (2008). Spending money on others promotes happiness. Science (New York, N.Y.), 319(5870), 1687-1688. https://doi.org/10.1126/science.1150952

Aknin, L. B., Dunn, E. W., Proulx, J., Lok, I., & Norton, M. I. (2020). Does spending money on others promote happiness?: A registered replication report. Journal of personality and social psychology, 119(2), e15–e26. https://doi.org/10.1037/pspa0000191

Mogilner C., & Micheal I. N. (2010). The pursuit of happiness: time, money, and social connection. Psychological science, 21(9), 1348-1354. https://doi.org/10.1177/0956797610380696

Banker, S., Dunfield, D., Huang, A., & Prelec, D. (2021). Neural mechanisms of credit card spending. Scientific reports, 11(1), 4070. https://doi.org/10.1038/s41598-021-83488-3

Prelec, D. & Simester, D. Always leave home without it: a further investigation of the credit-card effect on willingness to pay. Mark. Lett. 12, 5-12 (2001).

4장

Ariely, D. (2008). Predictably irrational: The hidden forces that shape our decisions. HarperCollins Publishers.

Dunn, E. W., Gilbert, D. T., & Wilson, T. D. (2011). If money doesn't make you happy, then you probably aren't spending it right. Journal of Consumer Psychology, 21(2), 115-125. https://doi.org/10.1016/j.jcps.2011.02.002

5장

통계청. (2023). 2023년 가계금융복지조사. https://kostat.go.kr/board.es?mid=a10301010000&bid=215&act=view&list_no=428364

통계청. (2024). 경제활동인구조사.
https://kosis.kr/statHtml/statHtml.do?conn_path=K2&tblId=DT_1DA7002S&orgId=101

Pope, A. (1721). Memoirs of the life, writings, and discoveries of Sir Isaac Newton.

Grant, J. E., Schreiber, L., Odlaug, B. L., & Kim, S. W. (2010). Pathologic gambling and bankruptcy. Comprehensive psychiatry, 51(2), 115-120. https://doi.org/10.1016/j.comppsych.2009.04.002

Muggleton, N., Parpart, P., Newall, P., Leake, D., Gathergood, J., & Stewart, N. (2021). The association between gambling and financial, social and health outcomes in big financial data. Nature Human Behaviour, 5. https://doi.org/10.1038/s41562-020-01045-w

Chalfin, A. (2015). Economic Costs of Crime. In The Encyclopedia of Crime and Punishment, W.G. Jennings (Ed.). https://doi.org/10.1002/9781118519639.wbecpx193

6장

Bogle, J. C. (2017). The Little Book of Common Sense Investing. Wiley.

7장

Farajat, M. A. (2016). Vulnerability of the drinking water resources of the Nabataeans of Petra-Jordan. www.academia.edu. https://www.academia.edu/26513966/ Vulnerability_of_the_Drinking_Water_Resources_of_the_Nabataeans_of_Petra_Jordan

Goetzmann, W. N. (2016). Money changes everything: How finance made civilization possible. Economics Books.

Ortloff, C. R. (2005). The Water Supply and Distribution System of the Nabataean City of Petra (Jordan), 300 bc– ad 300. Cambridge Archaeological Journal, 15(1), 93-109. https://doi.org/10.1017/s0959774305000053

Matz, S. C., Gladstone, J. J., & Stillwell, D. (2016). Money Buys Happiness When Spending Fits Our Personality. Psychological Science, 27(5), 715-725. https://doi. org/10.1177/0956797616635200

Whillans, A. V., Dunn, E. W., Smeets, P., Bekkers, R., & Norton, M. I. (2017). Buying time promotes happiness. PNAS Proceedings of the National Academy of Sciences of the United States of America, 114(32), 8523-8527. https://doi.org/10.1073/ pnas.1706541114

Gardner, J., & Oswald, A. J. (2007). Money and mental wellbeing: A longitudinal study of medium-sized lottery wins. Journal of Health Economics, 26(1), 49-60. https://doi. org/10.1016/j.jhealeco.2006.08.004

Kuhn, P., Kooreman, P., Soetevent, A., & Kapteyn, A. (2011). The Effects of Lottery Prizes on Winners and Their Neighbors: Evidence from the Dutch Postcode

Lottery. American Economic Review, 101(5), 2226–2247. https://doi.org/10.1257/aer.101.5.2226

Lindqvist, E., Östling, R., & Cesarini, D. (2020). Long-Run Effects of Lottery Wealth on Psychological Well-Being. The Review of Economic Studies, 87(6). https://doi.org/10.1093/restud/rdaa006

Kahneman, D., & Deaton, A. (2010). High Income Improves Evaluation of Life but Not Emotional Well-Being. Proceedings of the National Academy of Sciences, 107(38), 16489–16493. https://doi.org/10.1073/pnas.1011492107

Apouey, B., & Clark, A. E. (2015). Winning Big but Feeling no Better? The Effect of Lottery Prizes on Physical and Mental Health. Health Economics, 24(5), 516–538. https://doi.org/10.1002/hec.3035

Macchia, L., Plagnol, A. C., & Powdthavee, N. (2020). Buying Happiness in an Unequal World: Rank of Income More Strongly Predicts Well-Being in More Unequal Countries. Personality and Social Psychology Bulletin, 46(5), 769–780. https://doi.org/10.1177/0146167219877413